Elogios para *Gol*

Goliat debe caer avivará tu deseo de ver derrotados a tus gigantes y entrar en todo lo que Dios tiene para ti.

— CHRISTINE CAINE
FUNDADORA DE A21 Y
PROPEL WOMEN

Louie Giglio nos invita amablemente a escuchar la voz del Pastor que «liberta nuestros corazones». Este libro te dará aliento y te inspirará.

— RAVI ZACHARIAS
AUTOR Y CONFERENCISTA

En mi vida yo tenía un gran gigante llamado «temor». Si estás batallando contra ese mismo gigante, *Goliat debe caer* es lectura obligada para ti.

— SADIE ROBERTSON
AUTORA, CONFERENCISTA,
ACTRIZ Y FUNDADORA
DE LIVE ORIGINAL

Yo tengo fe en que Dios va a liberar de sus gigantes a muchas personas por medio de la maravillosa verdad que Louie presenta en este libro.

— DR. CHARLES STANLEY
PASTOR PRINCIPAL,
PRIMERA IGLESIA
BAUTISTA DE ATLANTA,
PRESIDENTE DE IN
TOUCH MINISTRIES

Los grandes jugadores han tenido grandes entrenadores. Louie nos ayuda a comprender que Dios nos ha proporcionado el mejor de todos los entrenadores para que nos ayude a obtener la victoria sobre nuestros Goliats.

— STAN SMITH
PRESIDENTE DE STAN
SMITH EVENTS, ANTIGUO
JUGADOR DE TENIS
CLASIFICADO COMO #1
Y ROSTRO DEL ICÓNICO
«STAN SMITH SHOE»

Louie es magistral en su esfuerzo por conectar a las personas con el mensaje del evangelio.

— BRIAN HOUSTON
PASTOR MUNDIAL
PRINCIPAL Y FUNDADOR,
IGLESIA HILLSONG

Goliat
debe
caer

//

OTROS LIBROS DE LOUIE GIGLIO

Goliat *debe* caer

Gana la batalla contra tus gigantes

Louie Giglio

GRUPO NELSON

Desde 1798

Para otros materiales, visítenos a:
gruponelson.com

Contenido

Tu gigante *está* cayendo

El rey inclinó la cabeza, salió de su tienda arrastrando los pies y contempló la lejana colina justo afuera del campamento militar. El desayuno le había caído mal, en un estómago hecho nudo. En todo el valle se escuchaba el ruido de las cacerolas de los hombres que encendían fuegos y comían pan con queso. No faltaba mucho para que se oyeran de nuevo los gritos de aquel hombre. El rey dejó escapar un profundo suspiro.

«¿Cuántos días llevamos?», preguntó a su ayudante.

«Cuarenta, señor», fue la respuesta. Un círculo de guerreros resguardaba la tienda del rey. El ayudante no necesitaba molestarse en responderle, solo que su vida dependía de que le diera la respuesta correcta al rey. Tanto el ayudante como el rey sabían que el rey Saúl estaba consciente del número de días.

«¿Lo puedes ver venir?», preguntó el rey.

El ayudante entrecerró los ojos, con la mano se protegió la vista del sol y asintió. «Justo a tiempo, señor».

El rey rezongó mientras se ponía sus vestiduras reales, luego se quedó en silencio y encogió los hombros.

«¡OIGAN!», tronó el grito desde el otro lado del valle. «¿Por qué no se organizan hoy para la batalla...? ¿O es que tienen miedo?». Todos los guerreros del campamento israelita se volvieron para mirar, muchos de ellos temblando. Aquella provocación no tenía nada de nueva, pero los guerreros no hicieron nada. No habían recibido órdenes. No tenían instrucciones que seguir. No había voluntarios. Ninguno podía apartar su mirada, y aunque detestaban al que tenían enfrente, ninguno tenía el suficiente valor para tratar de callarlo.

El que les gritaba era una bestia de hombre, velludo y feo y maloliente. Curtido de cicatrizes de un centenar de batallas, sobre su cabeza descansaba un casco de bronce. Una inmensa armadura de placas metálicas le cubría el cuerpo; placas de bronce le protegían las piernas. Llevaba una jabalina, también de bronce, colgada a la espalda. En la mano, el enorme guerrero sostenía una lanza más gruesa que un rodillo de tejedor, y delante de él sonreía su escudero, esperando con gusto la pelea. Con esa cantidad de armadura, los arqueros no podrían penetrar sus defensas. Y con todo un ejército respaldándolo, los soldados no podrían abalanzarse sobre él. Los lanceros y jinetes no se le podrían acercar sin ser aniquilados. Aquel gigante era impenetrable. Invencible. Y nadie lo sabía mejor que él mismo.

«¡Bola de nenes!», les gritó el gigante. «¿No soy yo filisteo, y ustedes los siervos del rey Saúl? ¡Compitamos como hombres! Les voy a proponer lo mismo que ayer. Escojan ustedes a un hombre; nosotros escogeremos a otro. Que peleen esos dos, y el que gane, gana la guerra. Yo representaré a los míos. ¿A quién tienen ustedes que los represente?». Se rio con una larga y desagradable carcajada. Aquel gigante ya sabía la respuesta. Nadie se le iba a enfrentar. Desde el campamento de los filisteos se oyeron abucheos e insultos.

El ayudante miró al rey Saúl. «Señor, ¿alguna respuesta *hoy* para Goliat?». La voz del ayudante insinuaba lo importante que era ese *hoy*.

El rey no hizo caso a su pregunta. No; *hoy* no habría respuesta. No la hubo ayer, ni tampoco antes de ayer, ni el día anterior. Su ayudante lo sabía. En toda la semana no había dado respuesta alguna, como tampoco la semana anterior, ni durante las seis semanas previas, cuando había comenzado toda aquella debacle. No había respuesta, porque en el ejército israelita no había nadie que pudiera derrotar a aquel gigante, y todos en el campamento lo sabían. Nadie lo sabía mejor que el propio rey Saúl, el guerrero más alto, más fuerte y más experimentado de todo el ejército israelita.

«¿Así que se trata de un "no" entonces?», les gritó Goliat. «¿O lo que oigo es solo el chirrido de unos pájaros?». Escupió en el suelo y añadió: «¡Ustedes no valen nada! Inútiles. Débiles. Iguales a su Dios. Los desafío a ustedes y a su Dios. Hasta que estén listos para pelear como hombres… Nos vemos mañana, gallinas». Con eso, Goliat y su escudero se dieron la vuelta y regresaron a su campamento.

El rey Saúl miró de reojo a su ayudante. Sabía la respuesta a su siguiente pregunta, aun antes de hacerla: «Has buscado por todo el campamento los guerreros más fuertes, ¿no es cierto? ¿A cuánto asciende ahora la recompensa?».

«A una gran cantidad», balbuceó el ayudante. El rey y su ayudante repasaban todos los días la misma lista.

«¿Algo más?».

«Que la familia de ese guerrero no pague impuestos».

«De acuerdo. ¿Se nos ha olvidado algo?».

El ayudante carraspeó. «La mano de su hija, señor. Todos los soldados saben que ella forma parte del trato».

El rey suspiró de nuevo. Miró al suelo y le dijo: «Adelante, pues». Dio media vuelta y volvió a entrar en su tienda de campaña.

Un día más de derrota.

El título correcto

Muchos de nosotros enfrentamos aprietos similares todos los días, aunque no estemos combatiendo con gigantes de verdad. Enfrentamos desafíos o problemas insuperables que desgarran nuestras vidas. Tal vez sea el temor. Tal vez sea una adicción. Tal vez sea la ira. Tal vez sea un sentimiento de rechazo, sentimiento que penetra tantos aspectos de nuestra vida. Tal vez sea el engañoso gigante de la complacencia.

¿Te has sentido alguna vez como el rey Saúl y el ejército de Israel? Tienes algún gigante de pie delante de ti, burlándose de tu persona, acosándote, insultándote. Día tras día, ese gigante te roba toda tu energía. Has intentado de mil maneras detener esas burlas, pero te sientes paralizado —reprimido— retrasado o impedido de avanzar de manera saludable. Sabes que no estás llevando la clase de vida que quieres vivir. Si esto forma parte de tu historia, este libro es para ti.

Con frecuencia, nuestra reacción inmediata es un «no». «Yo no tengo ningún Goliat en mi vida. La llevo bien, haciendo lo mío, viviendo mi vida».

Algunos dirían lo contrario. Estás leyendo este libro porque sabes que un gigante te está amenazando, y quieres saber cómo derrotarlo. De hecho, es probable que todos tengamos algo asechándonos que nos roba el gozo, quizás un hábito, o un recuerdo, o una manera de pensar a la que nos hemos acostumbrado.

No se tiene que tratar de alcoholismo, anorexia o depresión. Los gigantes adoptan todas las formas y tamaños; unos son sutiles, otros obvios. La buena noticia es que no es el plan de Dios que vivas con *algo* en tu vida que te desmoraliza día tras día tras día. Esos gigantes te hacen daño a ti y le roban a Dios la gloria en tu vida. Dios quiere que vivas libre. Dios quiere que se derrumben tus gigantes. Él quiere que vivas sin las cadenas que te tienen esclavizado, libre de las creencias que te limitan. ¡Y sí puedes!

Por muchas veces que lo hayas intentado, o por fuerte que sea la voz que te dice que nunca serás diferente de lo que eres, Dios hoy te dice algo distinto. *Tú. Puedes. Vivir. Libre.*

Las siguientes páginas no consisten de un optimismo vacío y «castillos en el aire». Es un camino hacia una vida diferente que ha sido probado a lo largo del tiempo. Lo sé porque lo he vivido. He tenido que enfrentar mis propios gigantes y he experimentado ese poder y esa fortaleza de Dios que sobrepasan mis mejores esfuerzos. En los próximos capítulos voy a compartirte desde esa experiencia mientras nos adentramos en el relato bíblico de David y Goliat. A través de ese relato, vas a descubrir herramientas y hábitos nuevos, y algunas perspectivas nuevas: una nueva manera de caminar por la vida. El plan para que seas libre es factible y directo. Favorece el que tengas éxito. Pero primero necesitamos darnos cuenta de que no se trata de un simple deseo de que tu gigante un día se desplome. No. Se trata de un mandato.

Goliat *debe* caer.

Como es obvio, ese es el título de este libro; cada una de estas palabras está ahí a propósito... especialmente la palabra del medio. Le dimos vueltas a este título durante mucho tiempo, y lo escogimos adrede, porque resalta una idea de Dios, muy significativa, que es importante para ti y para mí. Al hablar de ideas de Dios, me refiero a un principio teológico fundamental. Pero no dejes que la palabra *teológico* te desanime. Piensa en ella como la estructura de tu casa. Algunas vigas o tablas son mayores que las demás y soportan más peso. La idea subyacente aquí es la de una inmensa viga que soporta los pensamientos que Dios tiene acerca de tu vida y de su reputación en la tierra. La premisa consiste en que el anhelo de Jesús para tu vida y la mía es que tengamos vida a plenitud. Como consecuencia, Jesús recibirá gloria de nuestras vidas por ser el Proveedor de aquello que es lo mejor de todo.

Si las cosas resultan como Dios las quiere, nosotros vivimos libres y Él recibe la gloria por ser el matador de gigantes.

Consideramos la posibilidad de otro título para el libro, porque gran parte de la idea principal del mismo es que Goliat *ya* ha caído: tiempo pasado. Y eso mismo es cierto de todos nuestros gigantes. Cristo ya realizó la verdadera obra, y ya hizo que se vinieran al suelo todos los enemigos que enfrentamos en nuestra vida. Por eso pensamos que tal vez el libro se debía titular *Goliat ya cayó*.

Hubo también quien sugirió el título *Goliat caerá*. Una esperanza futura. Porque, aunque Cristo ha terminado la obra, a nosotros nos queda trabajo por realizar. Ese título está lleno de esperanza y de fe, puesto que mira hacia el futuro. Algo bueno va a suceder.

Con todo, creemos que el título más claro es el que incluye un mandato:

Goliat *debe* caer

Es el título con la energía necesaria. Es el que dice: «En mi vida hay un gigante que me quiere dominar, y tiene que caer. Ahora. Hoy mismo. No dentro de diez ni veinte años, sino en el presente inmediato. De hecho, mi gigante ya fue derrotado por lo que hizo Cristo y, sin embargo, también va a caer, porque yo voy a echar a andar en mi vida lo que Él hizo. Este gigante se tiene que caer, se va a caer y ya se cayó. Debe dejar de hablarme, porque Dios quiere que yo viva libre. Dios quiere recibir la gloria de ser el Libertador de mi vida. Ese gigante no me va a seguir acosando. Se va a ver que Dios es el campeón de mi vida. Esa es la razón por la cual Goliat *debe* caer».

Sí, es cierto que nosotros tenemos una responsabilidad en ese proceso. Necesitamos conectarnos con Jesús en fe y acción. No es una acción endeble. Es una acción llena de gracia, de fortaleza, e incluso de intensidad. Si en tu mente escuchas alguna voz que te diga: *No. Tu gigante se va a burlar de ti siempre. No vas a lograr nada. Siempre tendrás que vivir con las cosas como son. Tu vida nunca va a mejorar,* entonces, yo quiero que sepas que esa no es la voz de Jesús. ¡Y esa voz se puede callar y será callada!

Jesús vino a esta tierra para realizar una obra hermosa. En la cruz sufrió el infierno por nosotros, para que se pudiera restaurar nuestra relación con Dios. Se levantó de la tumba para que pudiéramos sacudirnos la idea de una vida sin esperanza, y para que camináramos en el mismo poder que a él lo volvió a la vida.

No tienes por qué vivir más tiempo con un gigante que se burla de ti y te debilita. Tu gigante se va a desplomar. De hecho, tu gigante se *tiene* que desplomar. Jesús lo va a hacer por ti, y en las siguientes páginas, te voy a mostrar cómo sucederá. Te invito a apoyarte en la obra de Cristo y a activar todo lo que Él ganó para ti.

Estás más cerca de lo que crees de una vida que ya nada puede reducir. Una vida de libertad auténtica. Una vida que irradie a plenitud la gloria de Dios.

— Louie Giglio

CAPÍTULO 1

Mayor que tu gigante

———

Recientemente, una mujer perdió la vida entre las garras de su *mascota*… Un tigre.

Ese trágico acontecimiento me entristeció. Sin embargo, también pensé lo mismo que debe haber pensado la mayoría de las personas cuerdas al leer la historia: *¿Por qué alguien tendría un tigre de mascota?* (Discúlpame si tienes un tigre en tu traspatio).

¡Los tigres son carnívoros! En estado salvaje sobreviven cazando y matando a sus presas. Y un tigre siempre será un tigre. En ese caso, ¿por qué alguien tentaría a Dios, convirtiendo en mascota a un animal que es sanguinario por naturaleza?

Esto es lo que creo que sucedió. Cuando la mujer conoció aquel tigre, era bonito como uno de peluche. Era un cachorrito pequeño y juguetón. Divertido. Adorable. Me imagino que ella lo cargaba y el cachorro ronroneaba con deleite. Así se creó un lazo entre los dos. Ella hasta le puso nombre a su cachorro y lo hizo su mascota. Tal vez fuera algo como Muchi o Bubu o Rayitas. Se lo llevó a su casa y le preparó lugar donde dormir y un espacio seguro donde jugar. Todo iba bien, día tras día tras día…

Hasta que.

Rayitas.

Creció.

Entonces, aquella juguetona mascota se convirtió en lo que realmente era, y mostró su verdadera naturaleza. Ya había dejado de ser un encantador cachorro. Ahora era un asesino salvaje. El tigre la atacó, y los resultados fueron desoladores.

Las cosas no son muy diferentes a lo que sucede con nuestros gigantes: los hábitos, las formas de conducta, las creencias defectuosas, y las costumbres dañadas que acomodamos en nuestras vidas.

Esas «mascotas» comenzaron pequeñas y encantadoras, como un bebé. No parecían capaces de hacer daño. Era un consuelo. Una tranquilidad. Establecimos lazos con esas mascotas y les dimos una acogida en nuestra mente, corazón y conducta.

Pero esas mismas mascotas han crecido. Nos están mostrando lo que son en realidad… y ya no son mascotas. Son asesinos salvajes. Gigantes de tres metros. Y nos están desgarrando, destrozando.

Queremos con desesperación deshacernos de esos gigantes.

¿Pero cómo?

Mi propia mascota gigante

———

Goliat no nació de tres metros. Y lo que ahora te está estrangulando probablemente no llegó amenazándote con atraparte entre sus dientes desde el primer día. Me imagino que al principio era algo que te consolaba y que aliviaba alguna necesidad en tu interior. Tu *asesino* se camufló como un amigo sin el cual no podías vivir. Pero, un día que tú no habrías escogido, el gigante se te tiró a la garganta, asfixiándote bajo todo su peso.

Yo he compartido acerca la presencia de uno de estos gigantes en mi vida en otras charlas y escritos, y he sido sincero en cuanto al momento crítico en el cual caí en un hondo y oscuro agujero de depresión y ansiedad. Si uno de estos monstruos te está haciendo la vida insoportable, sé de lo que estás hablando. Durante un tiempo, el mío fue clasificado como mi «desorden de ansiedad», un término inofensivo aceptado por casi todo el mundo. Sin embargo, con el tiempo, he podido señalar con mayor precisión los gigantes que me hundieron en ese ese agujero. Para mí, comprender que la ansiedad no es *una cosa*, sino un síntoma de *algo,* ha cambiado mi forma de enfrentarme a los enemigos de la gloria de Dios en mi vida.

En pocas palabras, tuve un colapso nervioso. Aquello era muy evidente a todos los que me rodeaban, y era una realidad no negociable para mí. Había llegado el día en que el cachorro de tigre era ya un tigre adulto. Apuntó hacia mí, y las consecuencias fueron drásticas, casi mortales. Ahora bien, lo más útil es comprender *el porqué.* Aprendí que, por lo general, esto no es consecuencia de una sola cosa o un solo momento, sino una combinación de muchas cosas que se van agravando con el tiempo, pudriéndonos desde adentro, hasta que terminamos trastornados.

Entonces, ¿qué fue lo que me empujó para que cayera en el hoyo de la ansiedad y la depresión? ¿Alguna tendencia genética?

Sin duda. ¿La prisa y la presión de llevar el motor acelerado durante demasiado tiempo? Seguramente. ¿Las preocupaciones? De
acuerdo. Pero al mirar hacia atrás, veo las huellas de dos de mis
propios Goliats: el control y la aprobación. Yo tengo la tendencia
de querer cambiar el ambiente en que me encuentre, cualquiera
que sea. Quiero hacer que las cosas sean mejores. Veo lo que es,
pero sueño con lo que puede ser. Pienso de esta manera mientras
atravieso una ciudad en mi auto, espero en tráfico, como en un
restaurante, camino por un barrio pobre de Haití, paso tiempo
en un aeropuerto entre vuelo y vuelo, o espero en un hospital. En
todos lados. Todo el tiempo. Estoy pensando en la manera de crear
cambio, forjar visión y conducir a la gente hacia una meta común.

Ser agente de cambio puede ser algo bueno. Pero también
puede invitar al cachorrito del control a la mezcla. Es posible que
sepas a qué me refiero. Estás tratando de controlar todas las consecuencias en la vida de tus hijos. Sudas a causa del mercado de
valores. Monitoreas todas las conversaciones de todo tu equipo,
queriendo asegurarte de que todos piensen de manera correcta
y lleguen a las conclusiones correctas. Y como yo, te encuentras
contemplando el techo cuando deberías estar profundamente
dormido, preguntándote cuál será la mejor manera de lograr el
resultado que estás convencido que es el correcto.

Querer lograr cosas grandiosas es algo noble. Pero tratar de
controlar el mundo es desastroso. Con el tiempo, los controla-
dores terminan sucumbiendo ante la realidad de que nadie tiene
todo el control.

Después está el gigante de la aprobación. A mi necesidad
de controlar, añádele mi necesidad subyacente de caer bien, y

tendrás una tormenta perfecta. Esto fue especialmente cierto en los primeros días de la fundación de la iglesia que pastoreamos. Antes de fundar la Iglesia Passion City, ya de por sí, ser conferencista y empresario en el ministerio era un verdadero reto. Organizamos eventos en estadios en el mundo entero y creamos una casa disquera para llevar música a la iglesia en el mundo. Yo hablaba aquí, allí y en todas partes. Pero si no le caía bien a la gente de allí, siempre había otra oportunidad. Otra conferencia. Otro grupo de personas. Otro lanzamiento.

En cambio, al fundar una iglesia, uno echa sus raíces en una tribu, y al ir dirigiendo a la gente semana tras semana, muy pronto descubres que no te es posible agradar a todo el mundo. Lamentablemente, yo pensaba que los podía hacer felices a todos (es mi *control* el que habla ahora). Y de veras lo necesitaba, más de lo que quería admitir. En nuestros días embriónicos, mi esposa Shelley y yo recibimos un correo electrónico de un amigo que nos hizo añicos la idea de que fundar una iglesia sería cosa fácil, o que nuestras buenas intenciones siempre tendrían su recompensa. Cuando el gigante del control se unió al gigante del rechazo, se concertaron ambos para atacarme, me ataron las manos y me lanzaron al precipicio. La culpa era toda mía. Defectos de carácter que antes eran pequeños y manejables, ahora se alzaban sobre mí. Se burlaban de mí. Desafiaban a mi Dios.

Yo era un controlador que descubrió que no podía seguir controlando. Era un buscador de aprobación que descubrió que no todo lo que hacía era aplaudido. Mi pequeño tigre mascota era ahora un formidable adversario que yo tenía que reconocer, y enfrentar.

Esos son (inicialmente escribí *eran*, pero eso no es tan realista como yo quisiera que fuera) dos de mis gigantes.

¿Qué me dices de los tuyos?

Cuando una voz hace que te calles

———

Algunos, desde que leyeron el título de este libro, supieron con exactitud cuál era su gigante. Ni siquiera lo tuviste que pensar, porque tú batallas con él todos los días.

Otros no están totalmente seguros cuál es el nombre de su problema, porque no está tan claro. Todo lo que saben es que algo no anda bien, y lo quieren arreglar.

Unos cuantos de los que leyeron los primeros borradores del libro notaron que ellos no creían que tenían gigante alguno hasta que leyeron un poco más.

Comoquiera que sea, es útil entender cuál es la clase de gigantes que más daño te puede hacer.

- Tal vez un gigante llamado temor gobierna nuestra vida. No que andemos temblando de miedo todo el tiempo, pero en nuestros momentos más sinceros sabemos que la ansiedad forma una gran parte de lo que somos. Nos sacude y hace que nuestro mundo se estremezca. Hace que le tengamos miedo a la noche. El temor nos ha comenzado a dominar, y sabemos que disminuye la gloria de Dios en nuestra vida.

- Tal vez estemos batallando con el rechazo. Crecimos en un ambiente de resultados y por ello, tememos que, si no lo hacemos todo perfecto, no recibiremos la aprobación que anhelamos. Tememos que la gente solo nos amará si producimos el resultado requerido. Si alguna vez nos tomamos un descanso, si alguna vez entregamos algo que no es perfecto, si alguna vez decimos algo equivocado, si alguna vez nos presentamos con la ropa inadecuada, si alguna vez tenemos que ir más lentamente que el frenético ritmo al que nos movemos ahora, entonces echamos por la ventana toda esa aprobación.

- Tal vez nos domine un gigante llamado comodidad. La comodidad no está mal si estamos hablando de un descanso genuino que nos devuelva las energías. Pero la comodidad se puede convertir en un inmenso problema si se transforma en autocomplacencia o en el reclamo de nuestros derechos. Con demasiada frecuencia nos lanzamos por la senda más fácil, lo mínimo, el trabajo «a gusto», los despojos de esta vida. Sin embargo, la senda más fácil podría no ser la mejor, la que Jesús nos invita a tomar.

- Tal vez el gigante que nos está haciendo daño es la ira. No tiene que ser rabia; no obstante, hay algo que nos hierve por dentro. No podemos contener nuestro temperamento. De vez en cuando explotamos sin razón, irrumpiendo con ira y después quisiéramos no haberlo hecho. Sabemos que esa ira nos está robando lo que Dios tiene para nosotros, pero simplemente, no nos podemos controlar.

- Tal vez de plano estés atrapado en una adicción. Muchas y diversas adicciones nos provocan, y la mayoría de nosotros luchamos con al menos una de ellas. La adicción podría tener que ver con una sustancia o una forma de conducta que nos está controlando: el alcohol, las drogas, la pornografía, los juegos de azar, las compras compulsivas o comer sin control. O tal vez tengas una adicción a algo sutil. Amigos que no te convienen. Pensamientos nocivos. Tal vez sientas la necesidad de resolver la vida de los demás, y terminas haciendo por ellos lo que deberían hacer por sí mismos. O nos consideramos víctimas si la gente no nos tiene el respeto o amor que creemos merecer. Quizás estés siempre a la defensiva. O lo criticas todo. O manipulas a la gente. O los culpas. O tus sentimientos tienden a herir las relaciones que te importan, y no estás seguro qué hacer. *Bueno, es que así soy,* te dices... y algunos días, hasta te crees la mentira.

A veces nos encontramos tolerando en el principio aquello que es tan dañino, aunque sabemos que claramente contradice el plan de Dios. Tal vez tratamos de justificar su existencia. Luchamos contra aquello deseando que desaparezca. Nos molesta que aquello siquiera esté presente, pero terminamos dándole lugar de todos modos. Para cuando nos damos cuenta, aquella cosa dañina ya se arraigó. Se ha convertido en un gigante. Se ha establecido una rutina automática. El gigante se convierte en un hábito en nuestra manera de pensar o de actuar. Algunos días luchamos para librarnos de él, pero el problema nunca parece desaparecer por completo.

¿Cómo nos deshacemos de los gigantes? Jesús le ofrece una vida abundante a todo aquel que le siga. «El ladrón no viene más que a robar, matar y destruir; yo he venido para que tengan vida, y la tengan en abundancia» (Juan 10.10). Él no vino a la tierra para morir en la cruz y resucitar de la tumba para que nosotros nos conformemos con una fracción de lo que Dios tiene para darnos. Su intención fue que nosotros viviéramos plenamente (ver 1 Tesalonicenses 3.8). Y eso significa que podemos vivir libres en el poder de lo que Él realizó por nosotros.

Todo comienza cuando vemos y creemos que aunque sea grande el gigante contra el cual estamos batallando… él *no* es más grande que Jesús. Para Jesús tres metros no son nada. Y Él ha determinado ponerte en libertad.

Esto lo veremos de manera poderosa al explorar la historia de David y Goliat. Supongo que ya la habrás escuchado. Si no, prepárate. Es un apasionante relato repleto de posibilidades para ti. Yo lo he oído desde que era niño en la iglesia. Pero hay un nuevo giro que ha estado estallando en mi corazón recientemente. Una forma de ver a Jesús en ese relato que cambia la vida y lo cambia todo en cuanto a la forma en que se va a derrumbar tu gigante.

Llega el muchacho al valle de la muerte

El trasfondo de la historia de David y Goliat, para ponernos a todos al tanto, es que el ejército de los filisteos estaba peleando contra el ejército de Israel, el pueblo de Dios. Esto fue el patrón a lo largo de todo el Antiguo Testamento: el ejército filisteo era un continuo aguijón en el costado del pueblo de Dios, y los dos ejércitos a menudo chocaban. Los filisteos tenían su propio dios, un ídolo del que en unos momentos hablaremos más. Eran viles y desagradables, y odiaban al pueblo que se proclamaba leal al único Dios verdadero.

A lo largo de la historia de las Escrituras, muchas veces los filisteos tenían la ventaja, y esa era la situación en este relato en particular, que aparece en 1 Samuel 17. Este es el escenario.

Imagínate cierto valle en el antiguo Israel. Es pedregoso y verde y lleno de espinos. Se llama el Valle de Elá, y lo atraviesa el arroyo del mismo nombre. Cualquiera pensaría que tal escena campestre sería pacífica y acogedora. Sin embargo, no es así. Pronto va a convertirse en el valle de la muerte.

Hay colinas a ambos lados del arroyo. El ejército filisteo estaba acampado en una y el ejército de Israel en la del otro lado. Cada ejército acampaba en sus tiendas de campaña durante la noche, y cada mañana salía al lugar de la batalla. Les bastaba atravesar el valle con la mirada para ver a sus enemigos.

Cuando comienza nuestro relato, los dos ejércitos no estaban realmente peleando. El ejército de Israel no podía avanzar, y el personaje que les estaba impidiendo hacer su verdadera labor era un grosero matón llamado Goliat, un filisteo inmenso, de tres metros de alto, campeón de pelea, un feroz y aterrador guerrero de negra barba con una gruesa armadura.

Todos los días, Goliat salía a gritarle insultos al ejército de Israel. Caminaba al valle con el ejército detrás de él, miraba con desprecio al ejército israelita en la otra colina y les gritaba con sorna: «¡Cobardes! Ustedes y su Dios no nos pueden enfrentar. ¡Los reto a una pelea, y desafío también a su Dios! Si hay alguno suficientemente valiente para pelear conmigo, que baje aquí. El que gane la pelea gana toda la guerra. El ejército que pierda servirá al que gane. Todo lo que tienen que hacer es superarme». (No es exactamente lo que dice 1 Samuel, pero ya captas la idea).

Un día tras otro, Goliat hacía esto mismo. Pasó una semana. Dos semanas. Tres semanas. Cuatro. Día tras día seguían los insultos. Día tras día, ningún israelita se atrevía a bajar para pelear con él. La Biblia dice que Goliat hizo esto durante cuarenta días y, sin embargo, ni un solo soldado del ejército del pueblo de Dios, tan bien entrenado, se atrevía a enfrentarse solo a Goliat. Este debe haber soltado toda una sarta de insultos. Les gritaba e los provocaba. Los hostigaba y se mofaba de ellos. Los agitaba, los sonsacaba, los trataba de convencer y se reía de ellos, y aun así nadie se atrevía a pelear solo con él.

El ejército israelita se sentía intimidado.

Desmoralizado.

Inmovilizado.

Hundido.

El sonido de una sola voz malvada había bastado para desmoralizar a los israelitas. ¿Te puedes relacionar con esto? Habían perdido la pelea, y ni siquiera habían entrado en batalla.

Retrocede un momento y considera quiénes eran los israelitas de la antigüedad. Es difícil saber con exactitud por qué ellos habían permitido que los intimidaran de esa manera. Dios tenía una rica historia con aquel pueblo. Lo había escogido como suyo.

Les había dado su presencia. Todo lo que tenían que hacer era recordar los tiempos pasados para ver cómo Él los había sacado milagrosamente de la esclavitud en Egipto. Había abierto el mar ante ellos. Una vez que estuvieron a salvo, sus aguas se volvieron de repente, destruyendo por completo a los enemigos que los perseguían. Los había guiado mientras atravesaban el desierto del Sinaí, usando una nube de día y un fuego de noche. Cuando tenían sed, Él hacía que apareciera agua. Cuando tenían hambre, les daba a comer el maná. Los había hecho atravesar el río Jordán para que entraran en la Tierra Prometida. Habían conquistado la ciudad de Jericó, altamente fortificada, gracias al brazo extendido de su Dios. Un grito de alabanza hizo que las murallas de Jericó se vinieran abajo. Una y otra vez, Dios había hecho cosas milagrosas a favor de su pueblo.

Pero las habían olvidado.

No estaban sacando provecho de lo todopoderoso que era su Dios, y cómo, si se disponían a confiar en Él, a seguirle y apoyarse en Él, tendrían acceso de nuevo a ese mismo poder en sus vidas.

Para ser justos, tenemos que excusar en algo al ejército israelita. Yo personalmente nunca he peleado con un gigante de tres metros en toda mi vida. En realidad, nunca he peleado con ningún otro ser humano, y no puedo decir que tengo la valentía para lanzarme contra un guerrero armado que mide un metro más que yo.

Ahora bien, ¿y si ese guerrero hubiera amenazado a la gente que amo? En ese caso, habría una buena posibilidad de que me le enfrentara. En especial si tuviera una espada y llevara puesta una armadura. Sin embargo, ni uno solo de los israelitas quiso entrar en la pelea. Todos los días, el pueblo de Dios se dejaba dominar por una sola voz que los acosaba. Un hombre grosero y gritón paralizó a todo el ejército de Dios.

Por fortuna, venía ayuda. Y venía de una fuente inesperada.

En el día número cuarenta, un muchacho llamado David se apareció en el campamento israelita. La mayoría de las personas de aquellos tiempos pensaban que David no tenía nada de especial. La única persona que lo valoraba era un anciano profeta llamado Samuel, que había llegado a su casa en una ocasión y había ungido su cabeza con aceite. Pero eso había sucedido hacía ya bastante tiempo. David era el menor dentro de un montón de hermanos. Todos tenían más estatura que él. Eran más fuertes que él. Y mejor parecidos.

Mientras que los hombres de la familia salían a pelear, el trabajo de David consistía en quedarse en la casa con su anciano padre para cuidar de las ovejas de la familia.

Ese día en particular, cuando David llegó al campamento, fue para llevarles víveres a sus hermanos mayores que estaban en el frente de batalla. Básicamente, David solo era un mandadero.

Era el muchacho al que todo el mundo le gritaba para que le llevara más queso.

Recuerda el entrenamiento

Justo en el momento en que David saludaba a sus hermanos, Goliat salió en la otra colina y comenzó a gritar sus insultos diarios al ejército de Dios. Y en ese momento, algo se prendió dentro de David. Me lo imagino mirando con sorpresa. Es como si hubiera dicho: «Esperen un momento… ¿Qué nos está gritando ese simio grandulón?».

Se oyó con toda claridad la voz de Goliat, mientras el gigante gritaba: «Idiotas, ¿es cierto que ustedes están poniendo su confianza en el Dios de Israel? Su Dios no vale nada. Es un débil. No es nada… así como ustedes tampoco son nada. Nuestro dios puede hacer pedazos al de ustedes».

David entrecerró los ojos. Apretó los labios. Incrédulo, les preguntó a sus hermanos: «¿Quién es ese payaso? ¿Cómo es posible que se esté saliendo con la suya diciendo todas esas cosas acerca de nuestro Dios? ¿Por qué no hay nadie que se le enfrente? ¡¿Por qué nadie pelea con él?!».

Los hermanos de David tartamudearon excusas: «Sí, bueno, mira bien a ese tipo. Se llama Goliat, y todos los días sale a hacer esto. Nadie quiere pelear con él. Sería una misión suicida, muchacho. Una muerte segura. Así que cállate y tráeme otro pedazo de pan».

David, enojado, miró hacia el otro extremo del valle.

«Yo lo voy a enfrentar», les dijo. «Yo lo voy a callar».

¿Qué?

Imagínate lo que sintieron los hermanos de David ante aquel anuncio.

Es decir, imagínate una pelea de boxeo. ¿A quién elegirías tú?

En la esquina roja, usando solo sandalias y una túnica hay un muchacho llamado David. Sin armadura. Sin espada. Sin escudo. Sin entrenamiento militar.

Y en la otra esquina, protegido con una armadura de placas de acero que pesa sesenta kilos, hay un guerrero enemigo

Por grande que sea el gigante contra el cual estamos batallando… él *no* es más grande que Jesús.

experimentado. Sobrepasa por cabeza y hombros a Shaquille O'Neal y es todo músculo desde la cabeza hasta los pies. Altamente entrenado en toda clase de combates. Lleva una lanza. Una espada. Un inmenso casco. Tiene una cantidad infinita de proyectiles. Tiene también un escudero, solo para que cargue con todas sus cosas. Detrás de él tiene todo un ejército. Está lanzando fuego por las narices. Aplasta a los hombres comunes y corrientes.

Sí, *eso* es lo que yo llamo una pelea pareja.

Los hermanos de David decían algo como esto: «Muchacho, nos estás avergonzando. El ejército israelita está lleno de guerreros experimentados, y ninguno de ellos está dispuesto a enfrentarse a Goliat. ¿Y ahora vienes tú a decir que vas a pelear con él? Te has vuelto loco. Piérdete antes de que se lo digamos a papá».

Pero David no se había vuelto loco, porque sí tenía un entrenamiento para la vida real en el cual apoyarse. Aquella no sería su primera lucha. En todos esos años en que había cuidado de las ovejas en los pastizales, él había recibido una educación muy avanzada. Su Entrenador era ni más ni menos que Dios mismo, y poco a poco Dios le estaba revelando a David su carácter justo y potente.

Parte del entrenamiento de David consistía en escribir cantos acerca de Dios, estudiar los hechos y la historia de su pueblo, y aprender quién era Dios y qué había hecho. Otra parte del entrenamiento de David había sido mucho menos académica, mucho menos poética. Mucho más práctica.

Un día, un inmenso oso se había acercado gruñendo al rebaño de David y había agarrado uno de los mejores corderos. Rescatar a ese cordero le tocaba a David. No había nadie a quien llamar. No había ayuda alguna a la vista. Así que se lanzó a perseguir al oso y rescató de sus dientes al cordero. ¿Has visto la película *El Renacido*? ¿Recuerdas la escena en la que el oso atacó y malhirió a Leonardo DiCaprio? Esa es la clase de depredador de la que estamos hablando. Pero cuando aquel oso atacó a David, el pastorcito lo tomó por el pelo, lo hirió y lo mató.

Este tipo de pelea no tuvo lugar una sola vez. Otra tarde, un inmenso león llegó rugiendo al rebaño con la misma idea. David tomó su cayado de pastor y golpeó al león hasta dejarlo sin vida. David había sobrevivido a muchas batallas espeluznantes en las que habría podido perder la vida. Él sabía que esas victorias las había logrado gracias al poder de Dios.

A la sombra de las burlas de Goliat, David relató esas mismas historias de triunfo en el campamento de los israelitas. Esas historias le deben haber dado algo de credibilidad, porque después de que se ofreció a pelear, el rey Saúl recibió la noticia, e hizo que lo llevaran a su tienda de campaña. David le contó a Saúl las historias, y le dio la gloria a Dios por sus resultados. Le dijo: «Su siervo ha matado leones y osos, y ese filisteo pagano será como uno de ellos, porque está desafiando al ejército del Dios viviente. El Señor, que me libró de las garras del león y del oso, también me librará del poder de ese filisteo» (1 Samuel 17.36–37).

Saúl se quedó paralizado por un instante.

«Muy bien. Tienes un currículum bastante bueno a tu favor. ¿Mataste a un oso? ¿*Y también* a un león?».

El rey contempló el cuerpo del muchacho.

«No hay nadie más que quiera pelear con él, pero te dejaré hacerlo, ya que te sientes tan seguro. Vamos a dejar que te enfrentes a Goliat. Pero espera... Primero ponte la armadura, ¿no? Tú no tienes armadura. Toma: ponte la mía».

David se puso un par de piezas de la armadura del rey. Era reluciente y sólida, lo mejor de lo mejor. Pero David no estaba acostumbrado a ella, y apenas pudo caminar. «Esto no va a funcionar conmigo», le dijo. «Necesito quitármela. Dios tiene otro plan». Después, bajó al río y escogió cinco piedras lisas en la orilla. Metió las piedras en su bolsa de pastor, sacó su honda y salió a enfrentarse con el gigante.

La verdad, aquello no duró mucho. Si tú hubieras pagado mucho dinero para conseguir un asiento junto al cuadrilátero, o un pase para ver la pelea, te habrías sentido desilusionado. Eso sí, la acción, aunque rápida, fue asombrosa.

Goliat y David intercambiaron unas pocas palabras clave. David sacó una piedra, se la lanzó al gigante, y el gigante cayó muerto a sus pies. ¡Pam!

La pelea fue un nocaut en el primer asalto. Diez segundos después que sonara la campana, todo había terminado, excepto las palomitas de maíz y la barrida del lugar.

Un gigante, dos gigantes, tres, una docena

¿Por qué esta historia es un trasfondo tan importante para la fe cristiana? ¿Es solo para que nosotros podamos tener un poderoso mensaje en los campamentos de jóvenes y una animada y maravillosa charla con los niños? ¿O es porque Dios quiere que todos sepamos que también es posible que los gigantes inmensos queden tendidos en tierra sin vida?

Es posible que tengas en tu vida un monstruo de tres metros que se burla de ti y te intimida día tras día. Pero con el poder de Dios, ese gigante va a caer. No importa el tamaño del problema. El poder y la fortaleza de Dios siempre son mayores.

O puede ser que estés batallando con toda una serie de gigantes. Tal vez te vengan de todas partes los problemas y las tentaciones. Lo mismo sucedía en las Escrituras. ¿Sabías que Goliat no es el único gigante que se menciona en la Biblia? En realidad, Goliat era descendiente de todo un linaje de gigantescos guerreros malvados. Lee 1 Crónicas 20, y los nombres de esos otros gigantes te van a sonar como el resultado de una pócima de laboratorio echada a perder. Allí hallarás a Sibecai y Sipay y Eljanán y Lajmí, e incluso un colosal guerrero que tenía seis dedos en cada mano y seis en cada pie.

Dios no quiere que nos desmoralicemos si tenemos que enfrentar a más de un gigante que necesitamos derribar. Él puede con todos ellos. Y pronto veremos que ya lo ha hecho.

Si en nuestra vida hay alguna forma de esclavitud, si hay alguna actitud que parece que no podemos deshechar, si hay alguna debilidad de carácter que creemos que no podemos superar, si algún pensamiento nos oscurece la mente, si algún problema ha clavado sus dientes en nuestra vida y que no nos lo podemos sacudir al atravesar el día, entonces anímate, porque ninguno de esos gigantes iguala a Jesús. Todos esos gigantes pueden caer y, de hecho, van a caer.

¿Lo crees?

¿Quieres ser libre?

Jesús quiere que tengas la certeza de que Él es completa y totalmente capaz de derribar a los gigantes que haya en nuestra vida. Tal vez te parezca que es imposible vencer a esa cosa indómita que se te viene encima echando espuma por la boca, furiosa, agitando los seis dedos de sus manos y sus pies. Sin embargo, por medio del poder de Jesús, todo aquello que necesites vencer se puede venir abajo, y se va a venir abajo.

El giro sumamente importante que toma el relato

En los siguientes capítulos vamos a examinar toda una variedad de gigantes dañinos muy comunes: esos problemas que parecen inmensos e invencibles, y con los que luchan una gran cantidad de personas. Y vamos a ver cómo caen esos gigantes. Pero no te vas a quedar repitiendo una frase trillada como «¡si se puede!». Vas a conocer a un guerrero que puede hacer lo que tú solo no puedes hacer.

Eso es importante, porque este no es uno de esos libros de autoayuda que obtenemos en una librería, y diez minutos después ya tenemos tres brillantes planes de acción que nos ayudarán a llevar una vida mejor y más próspera. La gran idea de este libro no consiste en enseñarnos a remangarnos la camisa y trabajar para mejorar nuestra vida por medio de nuestro propio esfuerzo. El mensaje de este libro es que Dios nos otorga su gracia y favor para permitirnos experimentar su poder sobrenatural. Se trata de que nos pongamos de acuerdo con Él y dejemos que su Espíritu Santo obre en nuestra vida para ponernos en sendas rectas, y en maneras correctas de pensar y de vivir.

Así es como entra en escena el gran giro que da esta historia.

Aunque sé que la historia de David y Goliat nos es familiar a muchos, hay un importante ángulo en ella que va a causar que cobre vida en nuestro corazón. Es posible que dicho giro separe este libro de todo cuanto hayas aprendido antes acerca de David y Goliat. En capítulos posteriores voy a hablar de este giro con más profundidad, pero te quiero presentar aquí la idea para que desde el principio captes un destello de la originalidad y la relevancia de esta historia tan familiar. Aquí la tienes:

> Nosotros *no* somos David en el
> relato sobre David y Goliat.

Imagínate que estás en la iglesia o en una conferencia. Un orador está presentando la historia de David y Goliat, y realmente te está apasionando, al decir cosas como esta: «Vamos, hermanos. David era joven, y ustedes también son jóvenes… o al menos, jóvenes de corazón. David triunfó, así que ahora ustedes también pueden triunfar. David tomó su honda. Escogió sus cinco piedras lisas. Entró al campo de batalla. Derribó al gigante. Si ustedes quieren derribar a su gigante, entonces todo lo que tienen que hacer es lo mismo que hizo David. Tomen su honda. Escojan sus piedras. ¡Y afinen la puntería!».

Todo el mundo se anima un poco con un mensaje así. Pensamos: *Sí. Muy bien. Ese soy yo. Yo puedo. Solo necesito un poco más de valentía. Solo necesito buena puntería. Yo puedo derribar a mi gigante de una sola pedrada, y esta vez sí lo voy a vencer.*

¿Qué sucede? Tal vez nos sintamos un poco más envalentonados durante algún tiempo. Es posible que redoblemos nuestros esfuerzos y nos lancemos contra el problema que es nuestro gigante con un entusiasmo renovado. Pero solo somos nosotros tratando de ponernos la armadura de Saúl. No nos queda. Al final del día, o de la conferencia, o de la próxima semana, regresamos de nuevo a la vida con el gigante que se burla de nosotros. Las frases prometedoras como «Tú sí puedes», o «Atrévete a ser un David», o «Sé más valiente» no funciona en nuestra vida, y nuestro gigante sigue en su lugar.

¿Por qué? Porque en esta historia, tú *no* eres David. Esa interpretación del relato sobre David y Goliat está centrada en los seres humanos. ¿Sabes quién es el David de nuestra historia?

Jesús.

Jesús es el David de la historia de David y Goliat. Jesús es el matador de gigantes.

¿Acaso esa realidad no te despierta? ¡Hola! Tú no eres David. Yo tampoco soy David. ¡Jesús es David! Jesús pelea nuestras batallas. Jesús se alza sobre la faz de las imposibilidades. Jesús es el que toma su honda. Jesús es el que escoge las cinco piedras lisas. Jesús es el que apunta al gigante. Y el gigante cae por la obra de Jesús.

Claro, hemos sido llamados a participar junto con Jesús. Somos llamados a seguir su liderazgo y alinearnos en la misma dirección en que Él avanza. Pero el mero pensamiento o poder humano, si solamente son eso, pensamiento o poder humanos, nunca pueden producir un resultado sobrenatural.

Sé lo que estarás pensando: *¿Quieres decir que nos hemos equivocado todo el tiempo con respecto a esa historia? ¿Cómo es posible?*

Lo que quiero que veamos es que, aunque podemos y debemos imitar la valentía del muchacho pastor para caminar en la vida con mayor seguridad, la suma de las Escrituras no apunta hacia nuestra capacidad personal, sino hacia Jesús como Salvador del mundo. En todas sus páginas y en todas sus historias, podemos ver a Jesús victorioso, firme, capaz, digno de confianza, poderoso, amoroso y digno.

Mientras pongas los ojos en el problema, y la solución a ellos se encuentre dentro de ti mismo, tu calendario se va a ir llenando de los días en los que poco o nada ha cambiado. Pero todo eso cambia el día en que Jesús entre en el Valle de Elá. El momento en que dejamos de mirar a nuestro gigante y nuestra mirada se encuentre con la de Jesús. El momento en que nuestra esperanza se mueve de nosotros a Él.

En la historia de David y Goliat, Dios no quiso que David triunfara por llevar puesta la mejor armadura, y tener en su mano una espada, y ser realmente valiente, y desafiar las imposibilidades, y tener tras sí a todo un ejército.

Dios quería que la victoria se produjera sencillamente porque un joven había confiado en Él.

El poder de ver

A lo largo de todo este libro, y de toda nuestra batalla, la adoración va a ser la música de fondo que nos va a guiar a la victoria. En última instancia, este libro se trata de adoración.

Si estás pensando: *Espera un momento; yo necesito un libro para combatir mis malos hábitos y mis enemigos... no un libro sobre cantos y música de iglesia,* no te saques de onda. Adorar solo es cambiar nuestra atención para poder ver mejor a Dios. La adoración es como el lente corrector de nuestra alma, que nos hace ver a Dios con mayor claridad. Eso es importante para todos nosotros, en especial cuando nuestra vida se descarrila.

La adoración nos enfoca en Dios. Cuando el Todopoderoso está a la vista, el poder de nuestro gigante sobre nuestro pensar comienza a fallar y a desvanecerse.

Una vez que los gigantes del control y la aprobación lograron echarme abajo, me volví un desastre, tanto física como mentalmente. Durante las peores temporadas, visitaba la clínica de un médico distinto cada semana. Por las noches no podía dormir. Los médicos me ayudaron a salir de aquel agujero. Alabar a Dios fue lo que me llevó a la luz. Pero el cambio verdadero comenzó a introducirse en la ecuación cuando las raíces del control y la aprobación fueron sacadas de su lugar e interrumpidas.

Aunque el cambio no se produjo de un solo golpe (aún hoy sigo creciendo y sanando), la diferencia se fue produciendo a medida que cambiaba mi manera de pensar antes de cerrar los ojos por la noche. Al nombrar las cosas que yo trataba de controlar, me decía: *Eso le pertenece a Dios.* Me recordaba a mí mismo que si Dios quiere un determinado resultado, ese resultado se produce. Y si Él no lo quiere, ¿por qué lo habría de querer yo? Comencé a alzar los ojos a Aquel que *realmente tiene el control de todo.* ¿La consecuencia? Mis gigantes se tuvieron que callar, o si todavía seguían hablando, yo había dejado de escucharlos.

Yo necesito a alguien mayor que mi gigante en quien fijar mi mirada. De lo contrario, termino escuchando, innecesariamente, a un Goliat muerto, mientras el Hacedor de los cielos me sostiene en sus manos.

No sé qué te tiene despierto por las noches, o queriendo quedarte bajo de las cobijas todo el día. Pero sí sé que Jesús está de tu lado. Él está peleando por ti, y ha ganado. Y eso no es una exageración. No es retórica vacía. Es una realidad que Jesús ha derrotado ya a todos los enemigos. Y te está invitando para que vengas a ver lo que Él ha hecho.

Eso es lo que me encanta de las próximas páginas que vamos a atravesar. Vamos a ver juntos que Jesús es mucho más que solo una buena idea. Él es la fuente totalmente suficiente de todo lo que necesitamos, disponible a cada paso de nuestro peregrinar y a cada hora de nuestra batalla.

Sin embargo, sigue siendo una batalla, porque hasta los gigantes muertos te pueden seguir llamando por tu nombre.

CAPÍTULO 2

Muerto, pero aún mortífero

—

De niño, en los veranos solía ir a un campamento de jóvenes con mi iglesia. Íbamos a Hilton Head Island, en Carolina del Sur, pero no para quedarnos en ningún condominio de lujo junto al océano. Nos quedábamos en el campamento presbiteriano, situado en un campo al lado contrario del camino principal que al océano en una zona que con justa razón podría llamarse «selvática».

Cuando digo que era «selvática», quiero decir que el campamento consistía de tierras agrestes cubiertas de bosques pantanosos. Esto fue en la década de los 70, mucho antes de la construcción de desarrollos modernos en Hilton Head Island. La isla en sí mide unos ciento cincuenta kilómetros cuadrados. Para llegar al campamento, salíamos del camino principal por un camino más pequeño que nos llevaba hasta él. El campamento consistía de un comedor y cocina (como era de esperar, con su poste de *tetherball* al frente y una cancha de cuatro cuadros delineada en el piso de la entrada), y una capilla rústica donde cabía un centenar de personas. Había cinco cabañas para las chicas y cinco para los chicos, situadas en los extremos opuestos del campo de *softball*. Una larga y angosta senda arenosa iba de la zona principal a las cabinas. Por el día estaba bien, pero no nos atrevíamos a recorrerlo de noche sin una linterna. En medio de cada grupo de cabinas había una caseta con baños, las cuales carecían de puertas o ventanas. Eran totalmente vulnerables a los elementos.

Allí comenzaba la diversión.

Por la noche, si necesitabas ir al baño, tenías que salir de la cabaña y correr por la senda para llegar a la caseta de los baños. Nunca se sabía qué clase de animales podrían estar acechando en el camino. Las lagartijas dominaban el lugar. Las arañas siempre estaban presentes.

Y también había serpientes.

Una gran cantidad de serpientes. Y venenosas. Tenías la esperanza de no encontrarte con alguna al ir a los baños de noche, o peor aún, ¡podía ya haber una en el cubículo!

Al comenzar cada semana, un puñado de niños asustados le echaba una mirada a esos baños y tomaba la dudosa decisión de *no* ir allí de noche, pasara lo que pasara.

Dejando a un lado los depredadores, a mí me encantaba Hilton Head. Y amaba aquel campamento presbiteriano. Tantos pasos clave de mi primer caminar con Jesús se remontan a aquel lugar. La primera semana era solo para los chicos de sexto y séptimo grado. Después había un descanso el fin de semana. Entonces seguía otra semana para los de octavo y noveno. Otro descanso el siguiente fin de semana. Y después, la semana final para los de undécimo y duodécimo. Si estabas estudiando ya en la universidad, eras consejero, lo cual significaba que podías llegar en el fin de semana previo a la primera semana del campamento y ayudar a prepararlo todo, y después quedarte para el fin de semana de descanso y repetir. Si te organizabas bien, te podías pasar un mes en Hilton Head Island.

Una de las tareas de los consejeros durante las semanas libres era regar cal en el suelo alrededor de la zona de las cabañas. Al parecer, las serpientes detestan la cal. Queríamos que aquellas serpientes supieran que estábamos allí, y ellas no se querrían meter con nosotros. Caray, ellas podían quedarse con su territorio, y nosotros con el nuestro. Si todo salía bien, ellas se daban cuenta de que estábamos allí, y que nos íbamos a quedar por un tiempo. Regresarían al lugar de donde venían, y todo estaría en paz.

A veces la cal las bloqueaba con eficacia, pero a veces no. Cuando los chicos detectaban demasiadas serpientes en el camino al baño, significaba que nosotros, los consejeros, necesitábamos hacer mejor nuestro trabajo. En los fines de semana en que no había acampados, mi mejor amigo, Andy Stanley, y yo nos hacíamos cargo de la situación. Usábamos la excusa de que «solo queríamos que las chicas se sintieran seguras» para salir a cazar con uno o dos amigos más. Queríamos que las serpientes supieran que no estábamos jugando. Recuerda que se trataba de serpientes venenosas, capaces de herirnos seriamente.

Nuestras cacerías eran así. Cuando oscurecía (a las serpientes les gusta moverse cuando refresca el ambiente), nos dirigíamos a las zonas de maleza que había entre las cabañas con una linterna en una mano y un bate de béisbol en la otra. Nos separábamos entre tres y cinco metros unos de otros y nos íbamos moviendo lentamente a través de toda aquella maleza que nos daba a la altura de los tobillos. Nunca pasaba mucho tiempo antes de que halláramos nuestra presa. *¡Bingo!* Una víbora cobriza de a metro deslizándose en la hierba delante de nosotros.

Nuestra técnica para eliminar las serpientes no era muy complicada. Aquello era un combate de bajo nivel por completo. Eramos adolescentes y para nada razonábamos el plan a fondo. ¡Por el amor de Dios!, llevábamos puestos shorts y tenis, no botas con punta de acero, ni protectores para las piernas. Nada.

Una vez que divisábamos una presa, mirábamos alrededor para asegurarnos de que la hermana de aquella víbora no viniera detrás de ella. Entonces, tomábamos nuestros bates de béisbol y golpeábamos a la serpiente en la cabeza. *¡Pam!* Después la golpeábamos unas cincuenta veces más en la cabeza, para asegurarnos de haberlo hecho bien . *¡Pam, pam, pam, pam, pam!* (¡Es asombroso lo acertado de tu puntería cuando es probable que si fallas, una serpiente te muerda!).

Una vez que la serpiente estaba bien muerta, presionábamos con la punta del bate lo que quedaba de su cabeza. Después tomábamos el cuerpo de la serpiente y le dábamos un fuerte jalón. La cabeza se separaba del cuerpo, y nosotros la seguíamos presionando para enterrarla en el suelo arenoso, y encima le echábamos más arena.

Encantador, ¿no?

¿Y ahora qué? No podíamos dejar el resto de la serpiente tirado en la hierba. Podría causar que uno de los demás chicos entrara en pánico más tarde al no saber que aquella serpiente estaba muerta. Así que tragábamos en seco y tomábamos la serpiente descabezada por la cola. Entonces seguíamos, en busca de la próxima serpiente. Después de una hora, cada uno de nosotros tenía una docena de serpientes muertas en una mano, mientras trataba de cargar la linterna y el bate de béisbol con la otra.

Hay algo curioso con las serpientes muertas: aunque les hayas quitado la cabeza, el cuerpo se sigue retorciendo por buen rato. Así que terminábamos andando de noche en el bosque con un enredo de cuerpos de serpientes muertas subiéndosenos por los brazos. Todos tratábamos de actuar valientes, pero personalmente, me daba escalofríos aquello. Me recordaba a mí mismo que aquellas serpientes ya no estaban vivas. *Sí, yo le rompí la cabeza a esa serpiente. La molí en la arena. Le arranqué la cabeza y la enterré. Esa serpiente está muerta, Louie; decididamente muerta.*

Pero entonces el cuerpo de otra se me enroscaba alrededor del brazo.

Al terminar nuestra cacería de serpientes, nos íbamos al centro del campamento, donde estaban el comedor y la capilla. Amontonábamos los cuerpos, que se seguían retorciéndose en una pila de cuerpos sin cabeza durante un rato. No recuerdo qué hacíamos con ellos después. Probablemente alguna travesura de adolescentes. Ahora bien, ¿por qué te cuento esta historia? ¿Por qué te estoy asustando con cuentos de serpientes retorciéndose? Tengo una importante razón para contártelo, te lo aseguro. El peligro de las serpientes muertas nos puede ayudar a descubrir algunas verdades críticas en cuanto a derrumbar a nuestros gigantes.

Una serpiente aplastada.
Un Jesús vivo.

———

Cuando se retuerce el cuerpo de una serpiente muerta, puede hacer que se te pongan los pelos de punta, pero eso es todo lo que puede hacer: asustarte un poco. Hacer que te suba la presión por un instante.

En cambio, la cabeza de una serpiente muerta puede ser sumamente peligrosa. En Hilton Head, nosotros enterrábamos las cabezas de las serpientes que matábamos. ¿Por qué? Porque aún tenían suficiente veneno en los colmillos para causarle serios daños a una persona. Si andas por el bosque y pisas la cabeza de una serpiente muerta, es probable que haya suficiente veneno en sus colmillos para que cualquier presión te pueda inyectar el veneno en el pie. Y eso es grave.

Por supuesto, el peligro que suponen las serpientes muertas no nos proporciona una analogía exacta, pero sí describe en gran parte la verdad de Dios que estamos tratando de presentar en este libro. Satanás fue derrotado en la cruz. Terminó la batalla. Se logró la victoria. Todo eso es tiempo pasado. Gracias a su muerte, sepultura y resurrección, Jesús le ha quitado a Satanás todo su poder. Sin embargo, Satanás todavía puede retorcerse y moverse, y hacer que se nos paren de punta los pelos de la nuca. Y si pisamos sus colmillos, aún nos puede envenenar y causarnos serios daños. No estamos todavía en el cielo, y el enemigo aún sigue merodeando por el planeta Tierra. Su cuerpo se sigue agitando, y él sigue siendo peligroso. Si escuchamos al enemigo, o si

Tu gigante
está *muerto*.
Y aun así…
sigue siendo
mortífero.

seguimos sus maquinaciones, o si nos enredamos en alguna de sus prácticas, nosotros mismos nos inyectaremos ese veneno en nuestra vida. El veneno va a hacer que disminuya nuestra esperanza y se debilite la abundante realidad de lo que nuestra vida puede ser en Cristo.

De manera que aquí tenemos dos verdades que se deben tener en cuenta. La primera: Satanás fue derrotado en la cruz. Jesús obtuvo la victoria. Fin de la historia. Y la segunda: la serpiente se sigue moviendo. La serpiente sigue teniendo veneno. Es una realidad tipo «ya y todavía no». ¿Captas la paradoja? Esas dos verdades parecen contradictorias, pero no lo son. Cuando se trata del derrumbe de tu gigante, ambas verdades son igualmente ciertas.

Tu gigante está muerto.

Y aun así...

Sigue siendo mortífero.

Tal vez tu primera reacción sea creer que eso no es cierto. Estarás pensando: *Louie, espera un momento. De ninguna manera me parece que mi gigante esté muerto. Está vivo, y muy vivo. De hecho, hoy mismo por la mañana me estaba desmoralizando. Mi gigante se burla de Dios todo el tiempo en mi vida. En realidad, he estado bajo el control de ese gigante esta misma noche. Ese gigante definitivamente me tiene atrapado.*

Entiendo tus sentimientos. Estás batallando con esas dos realidades que se superponen entre sí. Esto requiere una inmersión en la verdad. Cuando luchamos con nuestros gigantes, a veces queremos, equivocadamente, que Jesús vaya de nuevo a la cruz. Acudimos a Él en oración y le decimos: «Jesús, me acosa un gigante. ¡Por favor, haz algo y ayúdame ahora mismo! ¡Por favor, haz algo grande!», y queremos que suceda algo inmenso, sobrenatural, milagroso y totalmente nuevo.

Pero eso es una locura, porque lo que estamos esperando es que Jesús nos diga: «Está bien. Iré a que de nuevo me golpeen, me azoten y se burlen de mí para resolver el problema de tu gigante. Volveré a pasar por aquella calle estrecha de Jerusalén, cargando por segunda vez una pesada cruz romana. Me taladrarán de nuevo con clavos las manos y los pies. Me echaré a cuestas el infierno en la cruz nuevamente, y volveré a clamar: "Dios mío, Dios mío, ¿por qué me has desamparado?", y de nuevo dejaré que me atraviesen el costado con una lanza… Todo para librarte de tu gigante. Envolverán otra vez mi cuerpo con las pesadas ropas del embalsamamiento, y me pondrán de nuevo en una tumba prestada. Resucitaré al tercer día otra vez para darte a ti la victoria sobre tu gigante».

Las cosas no funcionan así. Pablo dice en Romanos 6.9: «Pues sabemos que Cristo, por haber sido levantado de entre los muertos, ya no puede volver a morir; la muerte ya no tiene dominio sobre él». ¡Jesús no puede morir de nuevo! Esto es algo sumamente bueno, y necesitamos meternos de lleno en esa asombrosa realidad. Jesús murió una sola vez y para siempre. Él ya no necesitará nunca ir a otra cruz. Punto. La tarea de derrotar a la muerte y al poder de todo el infierno ya está terminada. Completa. Hecha. Realizada. Jesús ha derrotado todo el pecado, toda la muerte, todo el infierno, todas las tinieblas. Nuestros gigantes han caído. Goliat murió del golpe a su cabeza. Está tirado en el suelo con la nariz destrozada. Tierra en los ojos. Insectos en la boca. Llamen a los buitres, porque esta noche tendrán banquete.

Vemos profetizada la obra de Jesús en la cruz desde mucho antes, en Génesis 3.15. Poco después de que Adán y Eva comieran la fruta prohibida en el huerto del Edén, Dios maldijo al tentador, a la serpiente, una encarnación de Satanás. Como parte de esta maldición, Dios declaró que un día el descendiente de Eva terminaría aplastándole la cabeza a la serpiente. Ese descendiente es Jesús. Jesús es el supremo aplastador de serpientes. Él fue quien destruyó a la serpiente, el diablo, con un golpe decisivo y ensordecedor. La muerte ya perdió su aguijón. La muerte ha sido devorada por la victoria. Jesucristo ganó la batalla.

Vemos evidencia directa de esto en 1 Juan 3.8: «El Hijo de Dios fue enviado precisamente para destruir las obras del diablo». Eso significa que Jesús no es ningún micro-dios. No es endeble ni frágil, indefenso o inofensivo. A Él le ha sido dada toda autoridad (Mateo 28.18). Y «toda» quiere decir «toda». La razón por la cual Jesús vino a la tierra fue para aplastar el poder del pecado y de la muerte. Y eso es lo que hizo. Su obra ha terminado. Otro pasaje que habla fuertemente acerca de esto es el de Hebreos 2.14, 15: «Por tanto, ya que ellos son de carne y hueso, él también compartió esa naturaleza humana para anular, mediante la muerte, al que tiene el dominio de la muerte —es decir, al diablo—, y librar a todos los que por temor a la muerte estaban sometidos a esclavitud durante toda la vida».

El poder de Satanás fue quebrantado en la cruz. Sin embargo, aunque Jesús completó la obra de la cruz, aquí es donde sentimos la paradoja: todavía Satanás nos puede hacer daño. Si pisas sus colmillos, vas a sentir la punzada de sus palabras y caminos ponzoñosos. Esto es una gran parte de la tensión que significa vivir hoy como seguidores de Jesús. Vivimos en la gran extensión de tiempo y espacio situada entre dos puntos maravillosos: la cruz y la obra definitiva de Jesús en los tiempos finales, cuando todo será restaurado. En este espacio en que vivimos hoy, Satanás ha sido derrotado, pero sigue siendo peligroso. En 1 Pedro 5.8 se le describe de esta manera: «Practiquen el dominio propio y manténganse alerta. Su enemigo el diablo ronda como león rugiente, buscando a quién devorar».

Yo me encuentro con tantas personas que aman a Jesús, claro. Creen en Él. Lo quieren seguir con todo lo que son. Alaban a Dios. Quieren vivir para Él. Sin embargo, le siguen dando lugar en sus vidas a algún gigante debilitador. Ese gigante los está atormentando y se está burlando de Dios. El poder maligno que alimentaba a ese gigante hace mucho tiempo que fue aplastado. Pero no saben evitar cabezas de serpiente enterradas. Anduvieron caminando en el bosque de noche, y los colmillos les inyectaron veneno en los pies.

La buena noticia es que los seguidores de Cristo no nos hemos quedado indefensos. En las Escrituras se nos proporciona la manera de seguir adelante. En Santiago 4.7 se nos dice: «Así que sométanse a Dios. Resistan al diablo, y él huirá de ustedes». Resistir significa pararnos firmes contra la tentación. Escogemos el camino de Jesús. Con el poder de Dios en nuestras vidas, decidimos de manera deliberada acercarnos a Él.

En pocas palabras, no pises la cabeza de una serpiente muerta.

Efesios 6.10–18 nos indica también que nos revistamos de «toda la armadura de Dios». La verdad es de lo que está hecha nuestra armadura. Jesús nos ha dado su propia justicia. Tenemos en su lugar el evangelio de la paz. Portamos el escudo de la fe.

Llevamos el casco de la salvación y la espada del Espíritu, que es la Palabra de Dios.

Nuestra armadura no es la vieja e inadecuada armadura del rey Saúl. Esa armadura es hechura de hombres y solo sirve para entorpecernos. No fuimos diseñados para andar en una armadura hecha por hombres y, aun así, ser eficaces destructores de gigantes. Nuestra armadura es hechura de Dios. Fue forjada en los fuegos de su santidad. Nos fue entregada por el poder de su Espíritu. La podemos usar cada vez que queramos. Todo lo que se nos pide es que nos la pongamos.

Las insondables riquezas de Cristo

Nuestra defensa máxima contra los gigantes, la mejor que tenemos, consiste en apoyarnos en la suficiencia absoluta de Jesús. Tal vez hayas oído antes esa expresión: *suficiencia absoluta*, pero no estás muy seguro de qué significa. O tal vez sea una expresión totalmente nueva para ti. Necesitamos desplegar algunas Escrituras acerca de esta gran verdad: Jesús es absolutamente suficiente.

Al calificar a Jesús de *suficiente,* queremos decir que con Él nos basta. Él es todo lo que necesitamos para realizar los supremos propósitos de Dios para nuestra vida. Jesús no es deficiente en ningún aspecto. No le falta nada, ni es inadecuado, escaso o pobre. Es totalmente competente. Plenamente abundante. Gracias a Jesús, todos los días nos sentamos a la mesa del banquete; nuestra copa está siempre rebosando y nuestro plato está siempre lleno.

En el capítulo anterior vimos que uno de los grandes giros en la aplicación de la historia de David y Goliat consiste en pensar en David como si fuera Jesús, y no en nosotros como si fuéramos David. Jesús es el que pelea las batallas por nosotros. Sí, es cierto que tenemos cierta responsabilidad. Nos sometemos al plan de Jesús. Resistimos al diablo usando el poder de Jesús que llevamos dentro. Nos alineamos a la persona y obra de Jesucristo. Sin embargo, siempre es Jesús el que derriba al gigante. No somos nosotros. Eso es parte de lo que significa que Jesús sea *absolutamente suficiente*.

Un gran problema que solemos tener los seguidores de Jesús es que queremos funcionar como si la vida dependiera totalmente de nosotros. Lo hacemos porque estamos habituados a ello. Seguro, creemos en Dios, y creemos que Jesús salva. Creemos que Jesús transforma nuestra vida (Romanos 12.2). De labios para afuera hablamos del evangelio, y creemos que todo se trata de la gracia. Sin embargo, si tenemos una adicción, o si estamos perturbados por el miedo o la ira, o si estamos atrapados en la pegajosa telaraña de necesitar la aprobación de los hombres y nos queremos desprender de ella, o si estamos luchando por derribar algún otro gigante en nuestra vida, entonces tenemos una tendencia demasiado fuerte a tratar de hacer la obra nosotros mismos. Creemos erróneamente que nos toca a nosotros vencer al gigante. Seguimos funcionando como si matar al gigante depende de nosotros.

Lauren Chandler, esposa de Matt Chandler, pastor principal de la Iglesia The Village, en Dallas, Texas, describe muy bien esta tendencia. Yo diría que muchos seguidores de Jesús se sienten de esta manera. Esto es lo que ella escribió:

Cuando Matt llevaba tres años ocupando su posición como pastor de la Iglesia The Village, yo entré en un programa de doce pasos. Permíteme acallar las preguntas: yo no «fui trabajando en los pasos» porque él se hubiera convertido en pastor. Yo necesitaba recuperarme de la adicción a ser una buena chica y siempre buscar la aceptación de Dios por mi desempeño. Decía que la salvación es solo por gracia, por medio de la fe. Hasta pensaba que lo creía. Pero en lo más profundo de mi corazón, funcionaba como si todo dependiera de mí. Con mi vida, estaba diciendo: «Dios mío, gracias por salvarme, pero a partir de ahora me toca a mí seguir adelante».

Así que un jueves por la noche en la iglesia, frente a todos los que solo me conocían como la esposa de su pastor, me levanté para decir: «Hay algo que el Señor me está pidiendo que le entregue». El peso de lo que la gente pudiera pensar de mí casi me mantenía pegada al asiento e impedía que me pusiera de pie. Sin embargo, sentí algo increíble en el momento en que me logré poner sobre mis pies. Sentí como si no pesara nada. Sentí alivio. Y brotaron las lágrimas; muchas lágrimas. A pesar de toda mi ansiedad por lo que los demás pudieran pensar de mí, los suspiros y los susurros que creía que iba a oír, no recibí eso, sino comunión. Ya no era intocable, alguien con quien no se podían relacionar. Me convertí para ellos en alguien real... con una necesidad real de tener un Salvador real.[1]

¡Eso es! Todos necesitamos un Salvador real... incluso los cristianos. Decimos que somos salvos solamente por gracia y solo por medio de la fe. Creemos que Jesús nos santifica y transforma nuestra vida con su poder. Pero, como escribió Lauren, cometemos el error de tratar de funcionar como si todo dependiera de nosotros. Decimos: «Señor, gracias por haberme salvado. Gracias por haberme santificado. Pero ya me toca a mí. De veras, gracias Dios. Pero ya lo puedo hacer yo por mi propia cuenta».

Si realmente queremos cambiar, necesitamos comprender que dependemos de la suficiencia absoluta de Jesucristo. Nuestro cambio tiene que ver más con confiar y menos con esforzarnos. Tenemos que hacer este cambio de paradigma en nuestra mente. Cristo es siempre el que hace la verdadera obra. Cristo es la fuerza que nos hace cambiar.

Solo imagínate por un momento que se te acercara un día Bill Gates y te entregara un cheque por mil millones de dólares. Con ese dinero podrías hacer una tonelada de cosas nobles. Y eso, sin mencionar aquello de comprarte una torre de condominios para que vivan en ella tú, tu familia y tus amigos. Pero ¿qué pasa si dejas ese cheque en tu bolsillo por toda tu vida? ¿Recibirías aún el beneficio de ese regalo? En teoría, serías rico. Pero en la práctica serías mil millones de dólares más pobre. Cuando seguimos a Jesús, Él nos entrega unas riquezas sin límites, pero necesitamos cobrar el cheque. Considera cómo se ve ese «cheque» en las Escrituras; está en esta verdad: «Pues Su divino poder nos ha concedido todo cuanto concierne a la vida y a la piedad, mediante el verdadero conocimiento de Aquél que nos llamó por Su gloria y excelencia» (2 Pedro 1.3 NBLH).

Lee de nuevo la primera parte y la última de ese versículo si necesitas hacerlo. El «divino poder de Dios nos ha concedido todo lo que necesitamos para vivir una vida piadosa».

Detente aquí mismo. Enfócate en estas cuatro palabras...

«Todo lo que necesitamos».

Ese es nuestro cheque. Unas riquezas ilimitadas. Eso es lo que nos ha sido dado en Cristo. Dios nos ha dado todo lo que necesitamos para nuestra vida espiritual. Todo el gozo. Todo el valor. Todo el propósito. Toda esperanza. Todo consuelo. Todo el poder necesario para resistir la tentación. Todo el poder para cambiar. Toda la habilidad para llevar una vida piadosa. Toda la guianza y todos los caminos marcados para que vivamos para Él.

Lo que nos toca a nosotros es cobrar el cheque. Es depender de Cristo. Claro, eso no siempre es fácil de captar. Sobre todo, en el mundo occidental, donde somos tan autosuficientes. Desde temprana edad, se nos enseña a ser orgullosos, fuertes e independientes. Ninguna de esas cosas es mala en sí, pero cuando se trata de nuestra vida cristiana, el paradigma tiene que cambiar. Jesús nos invita a descansar, a confiar, a depender de Él.

En los tres primeros capítulos de Efesios, Pablo señala el desafío que constituye describir y captar esta maravilla. No es fácil. Al final, Pablo llama a estas riquezas «inescrutables» (Efesios 3.8, RVR60). Me encanta esa palabra. *Inescrutables*. Las inescrutables riquezas de Cristo son como una inmensa caverna llena de oro que nunca se puede explorar por completo. Son un algoritmo matemático increíblemente complejo que resuelve todos los problemas de la humanidad. Nos podemos adentrar en él, pero nunca lo podremos comprender a plenitud, o escribirlo en el pizarrón en un solo enunciado. La gracia de Cristo está a nuestra completa disposición y, sin embargo, en su totalidad es tan asombrosa, que es insondable.

Dan DeHaan, mi mentor en aquellos días de Hilton Head, decía que el intento del ser humano por captar una comprensión total del carácter de Dios es como si un niño siguiera el flujo de un arroyuelo corriente abajo. Paso a paso, a medida que sigue cada chorro y cada vuelta, va aprendiendo cada vez más acerca del pequeño arroyo. Pronto, el arroyo que él ya conoce tan bien se ensancha para convertirse en un rápido lleno de pozas más hondas, y termina desembocando en un poderoso río. A medida que ha ido caminando por la orilla, ha llegado a conocer bien el río. Cada día lo comprende mejor. Hasta que un día levanta la mirada y ve que el río se ha convertido en un océano.

Así es con nuestra búsqueda de las inescrutables riquezas de Cristo; mientras más conocemos, más nos percatamos de que hay mucho más por conocer.

A. T. Pierson (1837–1911), famoso pastor y educador, se lamentaba de su propia incapacidad humana para comunicarle a su congregación la profundidad y los niveles de las «inescrutables riquezas de Cristo»:

«Inescrutables» significa literalmente que son unas riquezas que nunca se podrán explorar [plenamente]. No se puede hacer un cálculo de ellas, y nunca se podrá llegar al final de su investigación. Cuando ya hemos llevado nuestra búsqueda hasta los límites de lo posible, seguimos teniendo por delante un continente sin fronteras, un mundo, un universo de riquezas. Yo me desplomo exhausto en mi asiento en el vano intento de poner delante [de mi] congregación el mayor misterio de la gracia que he podido captar en mi vida. En mis treinta años predicando el Evangelio, no puedo recordar haberme enfrentado jamás con un tema que haya desconcertado más todo intento del pensamiento y toda posibilidad de expresión, que el tema que ahora he tratado de presentar en el nombre de Dios.[2]

Así de inmensas son las riquezas de Cristo. En Filipenses 4.13, Pablo nos dice: «Todo lo puedo en Cristo que me fortalece». Se trata de la suficiencia absoluta de Cristo llevada a la práctica. Esa es la imagen de una persona explorando el insondable universo de las riquezas de Cristo. Esa persona está nadando en el océano ilimitado del amor de Cristo. Pablo no estaba pudiendo «todas las cosas» gracias a Cristo y alguna otra cosa. Las podía gracias a Cristo y nada más.

El poder para cambiar era sencillamente…

Cristo.

Una repugnante cabeza ensangrentada, cercenada de su cuerpo

Vamos a centrarnos ahora en dos líneas de la historia bíblica sobre David y Goliat que suelen pasar inadvertidas. El primero es 1 Samuel 17.50: «Así fue como David triunfó sobre el filisteo: lo hirió de muerte con una honda y una piedra, y sin empuñar la espada».

¿Cuál es aquí la verdad importante que necesitamos recordar? Que David no tenía una espada en la mano cuando mató a Goliat. El fuerte golpe inicial producido por la honda y la piedra fue suficiente para matar al gigante. Goliat ya estaba muerto cuando cayó al suelo. Sin embargo, la historia no termina allí, como vemos en el versículo que sigue: «Luego corrió donde estaba el filisteo, le quitó la espada y, desenvainándola, lo remató con ella y le cortó la cabeza» (v. 51).

Este punto es clave. David mató a Goliat solamente con una honda y una piedra. Eso fue todo lo que requirió. Pero después, saltó sobre el gigante muerto tirado en el suelo, le sacó la espada de su vaina y le cortó la cabeza. ¿Para qué toda esa violencia, David? ¿Por qué no te limitaste a gritarles a los israelitas: «¡Cayó el gigante! Goliat está muerto. No está respirando. Está acabado».

David quería resaltar lo sucedido. Le quería dar énfasis. Quería que todos supieran, sin duda alguna, que el gigante estaba verdaderamente muerto. Qué cuadro. Ojalá que el peso de la espada bastara para cortarle la cabeza de un solo tajo, pero tal vez no fue así. Es posible que David necesitara darle varios golpes para lograrlo. Comoquiera que haya sido, el pastorcillo David terminó tomando la cabeza del gigante para llevársela consigo. Debe haber chorreado mucha sangre y le deben haber colgado varios tendones ensangrentados. Se la mostró, tanto a los israelitas, su propio ejército, como a los filisteos, el ejército enemigo. ¿Por qué? Por dos razones.

En primer lugar, David no quería que nadie de su propio ejército tuviera temor alguno. En efecto les estaba diciendo: «Muchachos, este gigante está muerto. Definitivamente muerto. La victoria es nuestra. Dios nos dio esta victoria, y es una victoria total. ¡Salgan corriendo y gritando! En mis manos tengo la cabeza del gigante, que yo mismo le corté. Vean: les voy a mostrar la cabeza para que se convenzan».

En segundo lugar, David quería que los filisteos, el ejército enemigo, supieran con toda certeza que la victoria no era suya. «Oigan, gente del ejército enemigo, miren bien esto. Aquí tienen ahora a su campeón. Yo tengo su cabeza aquí mismo, en mis manos. Miren de cerca la boca de Goliat. Hace solo unos minutos, esa misma boca se estaba burlando de mi Dios. Pero ya no la oigo decir nada. ¿Y por qué? ¡Ah, sí, porque está MUERTO! Así que recuerden esto, enemigos. ¿Todavía les queda algo que decir de nuestro Dios, el Dios de Abraham, Isaac y Jacob? ¿Les queda algún insulto que lanzar contra el Dios que trajo a la existencia al mundo entero con su Palabra, el Dios que lo creó todo, el Dios de los ejércitos angelicales? No, supuse que no».

David también guardó la cabeza para mostrársela al rey Saúl (1 Samuel 17.57). Una imagen macabra, por supuesto, pero así se peleaba en aquellos tiempos. ¿Te puedes imaginar la escena? David entra en la tienda de campaña: «Te saludo, oh rey. Qué bueno volver a verte, señor. Me imagino que viste lo que pasó hoy allá abajo. Goliat ya no está con nosotros, señor. Pero mira lo que yo traigo. Perdón; discúlpame por la sangre que cayó en la alfombra». Y Saúl diría: «Sí. Definitivamente, ese gigante está muerto. Yo reconozco esa boca. Durante cuarenta días se estuvo burlando de Dios y humillando a su pueblo. Pero ahora esa boca está callada».

La misma cosa que había aterrado al rey Saúl ahora había quedado callada. Saúl ya no tenía nada que temer.

En cuanto a nosotros, nuestra reacción ante la imagen de aquella cabeza debe ser alabar a Dios por lo que Él ha hecho. Podemos mirar la cabeza del gigante y darnos cuenta de una vez por todas que él ya no tiene poder alguno sobre nosotros. Ya no necesitamos tenerle miedo a ese repugnante trozo de carne ensangrentada. Ahora podemos decir con confianza: «Oye, esta cosa solía acosarme. Pero, alabado sea Dios, ahora solo es una calavera con un poco de carne por fuera. ¡El gigante ya no me puede acosar!».

Cuando se trata de ti y de tu gigante en específico, aquí tienes una aplicación muy práctica. No *escondas* la cabeza del gigante. Al contrario: *confiesa* que el gigante se ha quedado sin cabeza. Dile a un grupo pequeño de amigos de tu confianza que a tu gigante le han cortado la cabeza… la misma cabeza del enemigo que Cristo sostiene entre sus manos. Señala a Cristo como vencedor. Hazle saber a los demás que Jesús ha vencido aquello que en el pasado te acosaba.

Verás: cuando se esconde un problema, este encuentra poder en las tinieblas. En cambio, cuando se confiesa el problema, este pierde su poder. La confesión hace que la luz de Cristo resplandezca sobre ese problema. En la mayoría de los casos, cuando confesamos algo, no sorprendemos a la gente. Usualmente su reacción es algo así como: «Sí, más o menos ya lo sabía».

Aquí tienes otra manera en que dependemos del poder del nombre de Jesús. Tomamos la espada del Espíritu, que es la Palabra de Dios, y leemos las Escrituras en voz alta, y aprendemos de memoria sus verdades, para que la luz de Jesús resplandezca constantemente en nuestra mente y corazón. No necesitamos razonar con nuestros gigantes. Tampoco se nos llama a discutir con ellos.

Jesús nos invita a entrar en la verdad de la situación. Ese gigante feroz e inmenso podrá venir contra nosotros con espada, lanza y jabalina, pero Jesús es más grande que nuestro gigante.

¿Sabes algo? Cuando hacemos eso, ya no estamos combatiendo contra nuestro gigante con nuestras propias fuerzas y capacidad. No estamos combatiendo a nuestro gigante usando nuestra propia armadura. Lo estamos combatiendo en el nombre del Dios Todopoderoso; en el nombre del Señor Jesucristo resucitado. Vamos a seguir pronunciando el nombre de Jesús, y diciendo ese nombre, y volviéndolo a decir, hasta que verdaderamente creamos que Jesús es quien Él dice ser:

El Dios que derrumba a los gigantes.

Excelso y sublime

Me pareció importante darte en este capítulo unos fundamentos de grandes ideas de Dios antes de seguir con el resto del libro. En los capítulos siguientes, vamos a explorar detalles más concretos acerca de los tipos de gigantes que suelen inmovilizar y derrotar a las personas. No me parece que estemos peleando contra un centenar de gigantes. Sospecho que los cinco de los cuales vamos a hablar son los que más nos llegan.

Y vamos a meternos a los puntos prácticos específicos sobre cómo derrumbarlos.

Nuestra estrategia para enfrentarnos a esos gigantes va a depender fuertemente de la suficiencia absoluta de Cristo, así que es importante que realmente profundices en la verdad de este capítulo. No nos vamos a enfrentar a estos problemas a base de «convertirnos en David», o de reunir las tropas, o de gritar: «¡Gente, saquen sus hondas!». En vez de eso, nos vamos a unir en torno al evangelio. Jesús es quien pelea por nosotros, y Él ha ganado la guerra; ha derrotado al enemigo. Sí, necesitamos colaborar con Jesús, y vamos a colaborar con Él en su poder y para su gloria. Eso es lo que Él hizo cuando fue a la cruz. Murió por nuestra libertad, pero también murió por la fama de Dios.

Eso quiere decir que Jesús quería avergonzar a todas las falsificaciones, a todos los impostores del mundo, a todos los dioses falsos y los falsos sistemas de seguridad que hay en el mundo y que te dicen: «Yo puedo ser tu dios. Ven a mí, y haré que te sientas mejor. Ven a mí, y déjame manejarlo todo».

Jesús nos dice hoy: «No, vamos a acabar de una vez por todas con esa manera de pensar, y te voy a demostrar que yo soy el único Mesías verdadero, y que mi Padre es el único Dios verdadero. Él es justo y el que Justifica. Él es el que puede salvar; el único que le puede devolver la vida a tu corazón. Mi Padre es el único libertador, el único que le puede traer la salvación a su pueblo. Él es el único que puede romper las cadenas. Él es el único que puede abrir las puertas. Él es el único que puede callar las mentiras. Él es Dios, y no hay otro. Él es el Dios de gracia, el Dios de bondad, el Dios de compasión, el Dios de amor, el Dios que estuvo dispuesto a sacrificar a su propio Hijo por ti y por mí. Él es el Señor, y no hay otro Dios».

Entonces, ¿qué haces si al rato tu Goliat te comienza a hablar? Recuérdale que está muerto. Comienza a hablar de Jesús. Deja de escuchar lo que Goliat te está diciendo, y comienza a escuchar lo que Dios te está diciendo. Tal vez solo puedes dar un pequeño paso al principio, pero es un gran paso cuando dices: «Aquí mismo, ahora mismo, creo en el poder del nombre de Jesús».

El cambio no es consecuencia de ninguna fórmula. Es posible que en ti no suceda de inmediato. Puede que tu gigante no desaparezca en un instante. Pero tú tienes el nombre, el poder y la autoridad de la sangre del Señor Jesucristo resucitado. Tienes el poder de la cruz; el poder de la resurrección de Jesús. Puede que tu gigante sea grande, pero nunca más grande que el nombre de Jesús.

Cuando creas que Jesús es más grande que aquello que estás enfrentando, algo va a cambiar en ti. ¿Lo crees? No estoy exagerando. No es necesario hacerlo, porque no hay nada que sea más importante y extraordinario que la obra que hizo Jesús en la cruz. Todo el entusiasmo generado por el hombre no puede ni acercarse a la gloria de la victoria que nos compró Dios. Esa victoria ya está aquí. Solo necesitamos que el Espíritu de Dios nos infunda con la realidad de esa asombrosa verdad. Solo necesitamos que el Espíritu de Dios nos eleve a esas alturas. La victoria comienza cuando cambiamos nuestra mentalidad y creemos que Jesús peleó por nosotros de una vez por todas, y que nuestro gigante ha caído.

Si se lo permitimos, Jesús mismo nos guiará a la victoria. Alabemos a Dios. No solo se trata de que Goliat caiga. Él *debe* caer. Él debe caer para que Jesús pueda ser exaltado en este mundo.

Ha llegado la hora de que caiga el gigante del temor.

CAPÍTULO 3

El temor
debe caer

—

Los aviones son mi segundo hogar. Viajar es una parte necesaria de mi llamado. Así ha sido por años. Mi base es el Aeropuerto Internacional de Atlanta Hartsfield-Jackson, literalmente el aeropuerto más transitado del *mundo*. Los laberintos de pasillos y trenes pueden intimidar al viajero ocasional cambiando vuelos en nuestra ciudad, pero yo me puedo mover en aquel lugar con los ojos cerrados. De hecho, me puedo mover en la mayoría de los grandes aeropuertos de Estados Unidos dormido.

Sin embargo, soy sensible ante aquellos que viajan con menor frecuencia y los que batallan con la ansiedad que les causa sentirse atrapados dentro de un delgado tubo metálico a diez mil kilómetros sobre la tierra. Sé que para muchos, la batalla es real.

Tomemos, por ejemplo, aquella amable mujer que se sentó detrás de mí hace algunos meses.

Si alguna vez has volado hasta la ciudad de Nueva York, sabrás que el acercamiento al Aeropuerto de LaGuardia puede ser... bueno, *interesante*, tanto en el buen sentido como en el malo. Interesante-bueno porque seguido te toca una vista panorámica de la ciudad y de la Estatua de la Libertad del lado izquierdo. O posiblemente, ves por la ventanilla un bello destello de la bahía del lado derecho. Interesante en el mal sentido, porque hay partes de la pista de aterrizaje que se extienden sobre el agua, y los aterrizajes en sí pueden causar lágrimas y úlceras. Luego está el clima de Nueva York. Durante los meses de invierno, o incluso en un día nublado, los aterrizajes en LaGuardia se pueden volver difíciles en un instante. Hace poco, un *jet* patinó en la pista congelada, y solo se detuvo después de precipitarse sobre una cerca y con la mitad del cuerpo del avión sobre el agua.

Bien, volvamos a la historia de la dama que estaba sentada detrás de mí. Mientras descendíamos a la ciudad de Nueva York, el piloto comenzó a hablar por el altavoz para darnos su discurso de costumbre. «Hola, señoras y señores», dijo con voz serena. «Les habla su capitán desde la cabina de vuelo. Estamos haciendo nuestro acercamiento inicial a Nueva York. Ah... Nos están indicando que hay poca visibilidad y una temperatura de dos grados centígrados. Es posible que el avión se sacuda un poco, así que les pido que se vayan a sentar y se aseguren de tener puestos los cinturones de seguridad. Al parecer, debemos estar en tierra en unos veintitrés minutos. Azafatas, tengan la bondad de preparar la cabina para el aterrizaje».

Levanté la mirada del diario donde estaba haciendo unas anotaciones y miré por la ventanilla. En realidad, nuestro vuelo no había sido tan agitado, al menos hasta ese momento, pero afuera lo único que se veía era un espeso manto de neblina situado entre nosotros y el suelo. Miré a la nada durante un minuto, pensando que aquel cielo grisáceo de algodón de azúcar se podría abrir en cualquier momento para revelar los techos debajo de nosotros. No sucedió.

«Cariño, no puedo ver el suelo», le dijo la mujer que estaba detrás de mí a su compañero de asiento. Su voz era la de una persona mayor, y se le notaban los nervios al hablar. Estaba claro que se sentía asustada.

No pude entender lo que le contestó su compañero de asiento, pero ella volvió a hablar. «¿Cómo podremos aterrizar, si no podemos ver el suelo?». Su voz sonaba desesperada. Le temblaba la voz.

El avión siguió descendiendo mientras nos acercábamos al aeropuerto. Me parecía que aún faltaba un rato para el aterrizaje, probablemente estábamos a varios kilómetros de altura, pero no estaba seguro. Lo que sí sabía era que muy pronto íbamos a atravesar esa capa de neblina. Un avión comercial no puede aterrizar con visibilidad cero. Mucho menos, en una pista que sobresale hacia la bahía como si fuera una regla. Se iba a aclarar la vista. Solo teníamos que esperar. Pero era evidente que la mujer sentada detrás de mí no era viajera experimentada. Ella no sabía que las nubes se iban a abrir. Yo casi podía sentir su mano aferrada al descansabrazos, mientras decía en un tono agudo: «¡Todavía no puedo ver nada! ¡No puedo ver el suelo!».

Estaba legítimamente asustada, y yo sentí compasión por ella. Quería asegurarle que no íbamos a aterrizar sin antes ver el suelo. En solo segundos, o minutos, la ciudad aparecería debajo de nosotros, y todo saldría bien. Pero es difícil comunicar cosas así dentro de un avión. Ella no me conocía, ni sabía que yo tenía experiencia con los aviones. Y yo dudaba que por mucha información que le diera una persona desconocida, ella podría superar el temor que la dominaba.

Justo en ese instante, el avión atravesó la última parte de la niebla. Aparecieron los techos de las casas y los edificios de negocios.

Ella chilló diciendo: «¡Veo el suelo! ¡Oh, ahí está! ¡Lo puedo ver, cariño! ¡Ahí está!». Podía oír el alivio en su voz.

Minutos después, el avión tocó tierra. Las ruedas chillaron con un ligero salto antes de que el avión rodara por el pavimento hasta detenerse. Le di una ovación silenciosa a la mujer.

Este es el punto de la historia: el temor se apodera de nosotros cada vez que creemos que, si no damos nuestro mejor esfuerzo, o aunque lo demos, algo indeseable nos va a suceder y no lo vamos a poder impedir. Unas veces el temor es irracional, y otras es racional. Pero cualquiera que sea la clase de temor, siempre nos afecta.

El temor es un tema importante en la historia de nuestra relación con Dios. En las Escrituras, el mandamiento que más se repite es el de *no temer*. Alguien los contó y al parecer, 366 veces se dice en la Biblia «No temas». Un «No temas» por cada día del año, incluyendo el año bisiesto. Además, hay una gran cantidad de indicaciones relacionadas, como «No tengas miedo», «Sé valiente» y «Ten ánimo».

El mandato de «no temer» se halla por todas partes en las Escrituras, y es necesario que nos preguntemos por qué aparece tantas veces este mandato. La respuesta lógica debe ser que muchos de nosotros tenemos una gran cantidad de temores. El temor es un gigante. Uno de los gigantes más comunes que debe caer. El temor se puede burlar de nosotros y hacernos daño. El temor puede anclarse en nuestra vida y comenzar a dominarnos. El temor nos puede desmoralizar y terminar menguando la gloria de Dios en nuestra vida. Nunca disminuye la gloria de Dios dentro de Él mismo, porque el valor intrínseco de Dios no puede cambiar. Sin embargo, la forma en que nosotros reflejamos la gloria de Dios sí mengua. La forma en que nosotros le mostramos al mundo quién es Dios, y la forma en que nos mostramos a nosotros mismos quién es Él; esas sí pueden reducirse.

El temor no siempre tiene aspecto de temor. Y aquí es donde este gigante saca ventaja en una gran cantidad de personas. A veces, el temor es un terror total. Es un miedo que nos hace temblar desde arriba hasta abajo. En cambio, otras veces este gigante se manifiesta de una manera menos abierta. Se presenta como ansiedad, o nervios, o preocupación, o estrés, o tensión, o problemas estomacales. El temor carcome nuestras vidas y corroe nuestro sentido de confianza y bienestar. Nos roba el sueño y el descanso. Nos ciega y nos roba la alabanza.

¿Qué podemos hacer con esos temores? Por la gracia de Dios, ¿cómo cae este gigante?

Removiendo las capas

Para empezar, recordemos esta poderosa verdad: el gigante del temor se podrá burlar de nosotros, pero no es él quien tiene el poder definitivo. Jesús tiene el poder definitivo. El temor podrá tratar de oscurecer nuestra visión de Dios y aplastar nuestra seguridad. Podrá tratar de tomarnos por la garganta para no dejar ni que respiremos. Nos podrá gritar insultos y tratar de convencernos de que vamos a tener que vivir sometidos a este gigante por el resto de nuestra vida. Pero el gigante del temor ya está muerto. Está acabado. Jesús lo venció en la cruz. En el nombre de Jesús, el gigante del temor debe caer.

¿Cuál es la parte que nos toca para estar de acuerdo con Dios? Entendemos que debemos escuchar y ver a Jesús. Debemos mantener nuestro corazón centrado en Él. Esto se debe a que escuchar y ver a Jesús, y centrarnos en Él son las cosas que edifican nuestra fe, y la fe es el antídoto del temor. Lo opuesto al temor no es ser audaz y valiente. Lo opuesto al temor es tener fe. Y la fe comienza por decir: «Tengo confianza en que Dios es más grande que este gigante».

La fe no se desarrolla de la noche a la mañana. Tal vez nos haya llevado largo tiempo caer en el hoyo del temor, de manera que nos podría llevar algún tiempo volver a salir de él. Estamos en buena compañía, porque son muchas las personas que sienten que ese gigante se burla de ellas. En el mundo desarrollado se expiden una exorbitante cantidad de recetas para la preocupación, el estrés, la ansiedad, el desespero y el terror, todos ellos primos del temor. Las personas del mundo occidental toman más medicamentos para dormir por la noche que los que toma la gente del resto del mundo en toda su vida. No todos los medicamentos son iguales. Hay quienes consiguen sus medicamentos con un médico, y hay quienes los consiguen en una botella. Pero la meta final es siempre la misma. Queremos aliviar el dolor. Nos queremos relajar. Solo queremos olvidar por un momento las cosas que nos están atribulando. Queremos dejar de tener miedo.

Raras veces la respuesta es tan sencilla como decir: «Temor, vete en el nombre de Jesús». El temor es síntoma de una causa más profunda. Necesitamos excavar para llegar a la raíz de la cuestión. En realidad, existen al menos tres raíces. Tres causas. Tres razones profundas que manifiestan el temor en nuestra vida. Analicemos estas tres raíces y pidámosle a Jesús que las arranque del terreno de nuestro corazón.

1. El temor procede de nuestro condicionamiento.

Algunas personas se criaron en un ambiente lleno de temor y preocupación. Tal vez tú hayas nacido en una familia de gente que siempre está preocupada. Tu mamá es una campeona de la preocupación. O tu abuela. Tal vez tu padre. O tu abuelo. Apenas habías salido del vientre y ya todos los miembros de la familia estaban diciendo: «Ay, por favor, ten cuidado que no se te caiga el bebé. Ponle las mantas bien apretadas. Asegúrate de que no tenga demasiado calor. Asegúrate de que no tenga demasiado frío. Asegúrate de que se ponga el casco para montar bicicleta. Asegúrate que invierta en la mejor cuenta de ahorros».

Los padres primerizos se ponen nerviosos por todo. Pero está bien. Esto lo vemos en los padres primerizos que asisten a nuestra iglesia, y no es ningún problema. Ellos quieren lo mejor para su bebé, y quieren hacer todo cuanto puedan para que su hijo tenga seguridad. Los padres son más «vigilantes» que temerosos, y sin duda, la vigilancia es una buena cosa en la cultura de hoy.

Pero en otros casos las personas crecen dentro de un genuino clima de temor. La vida es tratada como una gran amenaza que nunca disminuye. En cualquier momento, algo puede salir mal. Y es probable que así sea. A medida que el niño va creciendo, su temor va creciendo con él. Cae una ficha de dominó, y después otra. Así, la vida entera de esa persona queda construida sobre suelo movedizo.

Mi papá se podía preocupar como pocos, un rasgo que me molestaba mucho cuando era más joven. Ahora que tengo más edad que mi papá cuando yo era adolescente, ya no me río. Como con muchas de sus características (las buenas y las no tan buenas), veo que el fruto de esos mismos rasgos está madurando en mi propia vida.

2. El temor procede de lo que escondemos.

Cada vez que escondemos algo importante bajo la capucha de nuestra vida, estamos permitiendo que prospere nuestro temor. Este es el patrón: cometemos errores. Pecamos. Pero no lo confesamos. Más que nada, porque nos sentimos apenados. O nos sentimos avergonzados. O no queremos que nadie piense que somos menos que perfectos.

De manera que escogemos seguir caminando en la misma dirección llena de estrés, viviendo con la horrible sensación de que algún día lo que hemos hecho será del conocimiento público. Resguardamos esos sentimientos de pena o vergüenza muy dentro de nosotros mismos, y esos sentimientos escondidos se abren paso hasta salir de nosotros bajo la forma de ansiedades. ¿Y si se revela mi verdadero «yo»? ¿Y si echo a perder las cosas otra vez? ¿Qué va a pensar todo el mundo de mí?

El antídoto
del temor es la
fe, y su banda
sonora es la
adoración.

Esconder las cosas nos enloquecerá. Nunca debemos esconder nuestros errores, pecados e imperfecciones. Necesitamos derramar esos sentimientos de desastre inminente a los pies de la cruz.

3. El temor procede de nuestro afán por controlar.

Hay quienes lo quieren controlar todo. Los resultados de las circunstancias, los de las conversaciones, los de la vida de las demás personas. Pronto se dan cuenta de que en la vida hay muchas cosas que no podemos controlar, y en particular, la forma en que los demás actúan. Así es como nacen el temor, el estrés, la preocupación y la ansiedad.

¿Conoces alguna persona que sea controladora? Esas personas tratan de gobernar, no solo su propia vida, sino también la vida de todos los que las rodean.

Como persona controladora uno casi se vuelve loco, porque temes todas las cosas que no puedes controlar. ¿Y si algo no sale de la manera que yo quiero que salga? ¿Y si alguien echa a perder el plan en el que yo he trabajado tan duro? ¿Y si alguien no colabora con todos los resultados que yo quiero?

Pregúntate esto: ¿qué has controlado realmente tú en tu vida?

Tu gigante incansable

———

Es provechoso que pasemos tiempo en la presencia del Señor y seamos sinceros en cuanto a lo que tenemos en lo más profundo del corazón. ¿Se halla presente alguna de esas tres raíces? A veces podemos tener una mezcla de las tres. Si tenemos condicionamiento, escondemos y controlamos, entonces es probable que estemos tomando algún medicamento.

Por fortuna, las cosas no tienen por qué ser de esa manera. No necesitamos darle lugar al gigante del temor. Cuando vamos debajo de nuestra superficie para descubrir la raíz del temor, estamos llegando a un buen punto de partida. Por el poder de Dios que hay en nosotros, examinamos esa raíz y se la llevamos a Jesús, y derramamos las Escrituras sobre ella y a través de ella. Nos sumergimos en la bondad y la grandeza de Dios, y dejamos que Jesús haga resplandecer su luz sobre esa raíz.

Como has visto hasta ahora, en cada uno de los capítulos de este libro vamos a examinar otra faceta del relato bíblico sobre David y Goliat. Es importante que no nos perdamos ninguno de los detalles, para que podamos ver derrotados a nuestros gigantes.

Vayamos de nuevo y leamos 1 Samuel 17.4. Dice así: «Un famoso campeón, proveniente de Gat, salió del campamento filisteo». Detente aquí mismo, porque en esas palabras hay algo importante. La palabra «campeón» significa que Goliat tenía antecedentes. Tenía historial, y eso es significativo, porque muchos de nosotros tenemos todo un historial con nuestros gigantes. Esos gigantes no se aparecieron de pronto esta mañana. Han estado merodeando durante algún tiempo. Su historial se convierte en una de las burlas con que nos molestan. ¿Has oído alguna vez una de esas voces?

- *¿Recuerdas cuando fuiste a ese retiro y prometiste que tu vida iba a cambiar? ¿Adivina qué?, no sucedió.*

- *¿Recuerdas aquella vez que pensaste que ibas a ser todo grande y valiente y prendiste una vela al lado de tu cama antes de dormir y dijiste: "La luz de Dios está en mí"? Malas noticias, tonto. Aún ese día gané.*

- *¿Recuerdas aquella vez que fuiste a la iglesia y escuchaste ese mensaje sobre cambiar tu vida, y pensaste que habías sentido algo diferente ese día? Noooo; nada cambió. No cambió entonces. Y no cambiará ahora.*

Esa es la voz de tu Goliat.

Cuando el Goliat de la Biblia salió de su campamento para enfrentarse a los ejércitos de Israel, anunciaron su historial. No era simplemente Goliat. Era «Goliat, el campeón de Gat». Los filisteos le dieron a conocer a todo el mundo que era un guerrero campeón. Era un guerrero que nunca había sido vencido. Procedía de Gat, un territorio de criminales. Toda esta proclamación del historial de Goliat formaba parte del plan para desmoralizar a los israelitas.

La descripción de Goliat continúa en 1 Samuel 17.4–7: medía tres metros. «Llevaba en la cabeza un casco de bronce, y su coraza, que pesaba mil siclos de bronce». Esos son cincuenta y cinco kilos. Muchos de nosotros no podríamos levantar ese peso, mucho menos llevarlo encima en un combate. Pero eso era lo que hacía este campeón. Después de esto, dicen las Escrituras: «Era de bronce, como lo eran las polainas que le protegían las piernas y la jabalina que llevaba al hombro. El asta de su lanza se parecía al rodillo de un telar, y tenía una punta de hierro que pesaba seiscientos siclos de hierro». Casi siete kilos, y no era toda la lanza, sino solo la punta de hierro. «Delante de él marchaba un escudero».

El acoso ya había durado cuarenta días con cuarenta noches. Goliat salía todas las mañanas y todas las noches. Comenzaba el día burlándose de ellos, y lo terminaba de la misma manera. Comenzaba el día desmoralizando y humillando, y lo terminaba desmoralizando y humillando. «Goliat se detuvo ante los soldados israelitas, y los desafió: "¿Para qué están ordenando sus filas para la batalla? [...] ¿Por qué no escogen a alguien que me enfrente? Si es capaz de hacerme frente y matarme, nosotros les serviremos a ustedes; pero, si yo lo venzo y lo mato, ustedes serán nuestros esclavos y nos servirán"». Entonces decía el filisteo: «¡Yo desafío hoy al ejército de Israel!» (vv. 8-10). En otras palabras: «Los desafié ayer, y el día anterior y el día anterior y el día anterior y el día anterior y el día anterior y lo voy a hacer de nuevo hoy».

Los gigantes son incansables. No se toman días libres.

Lee el versículo 11. En él se resume con precisión lo que nos hacen los gigantes. «Al oír lo que decía el filisteo, Saúl y todos los israelitas se consternaron y tuvieron mucho miedo».

Adelantémonos ahora hasta los versículos 20-24, donde vemos el desarrollo de otra situación.

David cumplió con las instrucciones de Isaí. Se levantó muy de mañana y, después de encargarle el rebaño a un pastor, tomó las provisiones y se puso en camino. Llegó al campamento en el momento en que los soldados, lanzando gritos de guerra, salían a tomar sus posiciones. Los israelitas y los filisteos se alinearon frente a frente. David, por su parte, dejó su carga al cuidado del encargado de las provisiones, y corrió a las filas para saludar a sus hermanos. Mientras conversaban, Goliat, el gran guerrero filisteo de Gat, salió de entre las filas para repetir su desafío, y David lo oyó. Cada vez que los israelitas veían a Goliat huían despavoridos.

¿Puedes imaginarte cómo fue ese momento? Es probable que nosotros mismos hayamos estado en medio de un ejército de gente justa que lanza un grito de guerra, pero que permanece inmovilizada por las burlas del enemigo. Ese es el aspecto que tienen algunas iglesias hoy en día. Nos reunimos todos los domingos y levantamos poderosos himnos de adoración a nuestro Dios. Ese es nuestro grito de guerra. Nos situamos para la batalla. Proclamamos la victoria. Hasta es posible que reprendamos al diablo. Pero hasta ahí llegamos. Cuando se termina el servicio del domingo, el mismo gigante da un paso al frente y desafía el poder de Dios que nos guarda y nos salva y nos transforma.

Entre nosotros son muchos los que se conforman con una existencia dualista, una fe esquizofrénica. Una parte de nosotros cree firmemente en el dominio y el reinado de Jesús, segura de que Él puede cambiar las cosas para bien. La otra parte de nuestro ser se adapta al «tigre mascota», cede ante el gigante y vive en el valle de la derrota. Lo lamentable es que esto es la norma para muchos de nosotros.

Pero todos podemos oír las burlas:

- *Eres muy poca cosa. No lo puedes lograr.*
- *Eres demasiado débil para vencer algo.*
- *La historia está en tu contra.*
- *Soy invicto. No tienes ninguna esperanza.*
- *Eres igual a tu mamá... a tu papá... a tu hermana... a tu hermano.*
- *Esto siempre será parte de tu vida.*
- *Tú no puedes cambiar.*
- *Acostúmbrate. Tu vida siempre será así.*
- *Acéptalo. Muy dentro de ti, ni siquiera deseas ser diferente.*

¿Cuál es la solución?

La solución no está en una mayor determinación. La solución es la fe. Nuestros gigantes se podrán burlar de nosotros, pero no tienen el poder decisivo. Jesús es quien lo tiene. Jesús es quien edifica nuestra fe, y la fe es el antídoto del temor. Tener fe es decir: «Tengo la seguridad en Dios que Él es mayor que este gigante».

Me encanta Romanos 10.17. El contexto específico de este versículo tiene que ver más con la salvación, pero lo podemos extender también al tema del temor. Dice así: «La fe viene del oír y el oír por la Palabra de Dios». Cuando vemos y oímos a Dios en y a través de su Palabra, la Palabra nos permite oír que Jesús es suficiente, y ver que Dios es mayor. Eso edifica nuestra fe, y nuestra fe se convierte en la piedra que calla al gigante que ya ha sido derrotado, ese gigante llamado temor. Cuando oímos y vemos a Jesús, las cosas cambian en nuestra vida.

Así que, nuestra invitación es a nunca quitar nuestro enfoque de Jesús. El apóstol Pedro hizo esto. En realidad, lo hizo más de una vez. ¿Recuerdas lo que le sucedió durante la tormenta en el mar?

Atrapados en la tormenta

En Mateo 14.22–33, Jesús envío a sus discípulos al mar de Galilea, mientras Él se quedó detrás, porque había tenido un día agotador. Una gran multitud lo había estado siguiendo, y ahora todo lo que quería era estar a solas con su Padre. Jesús les dijo a sus discípulos: «Tengo una idea. Ustedes vayan por delante, que yo los alcanzo más tarde». Ellos estuvieron de acuerdo, así que Jesús se fue al monte a orar en un lugar tranquilo y solitario. Cuando llegó la noche, los discípulos se encontraban en medio del lago y los azotó una tormenta.

No era una tormenta pequeña. El viento soplaba con fuerza. Las olas estaban llenas de espuma. La barca era lanzada de un lado al otro. Era una de esas tormentas en las cuales no sabían si iban a salvarse. Fue entonces cuando Jesús decidió caminar sobre las aguas para ir a sus discípulos. La tormenta los había estado azotando durante horas; había transcurrido la mayor parte de la noche, y faltaba poco para el amanecer. Jesús caminó encima de las olas. Los versículos 26–27 nos dan más detalles sobre esta historia: «Cuando los discípulos lo vieron caminando sobre el agua, quedaron aterrados. —¡Es un fantasma! —gritaron de miedo. Pero Jesús les dijo en seguida: —¡Tengan ánimo! Soy yo. No tengan miedo».

Pedro, grandulón y osado, le dijo: «—Señor, si eres tú, mándame que vaya a ti sobre el agua» (v. 28).

«—Ven —dijo Jesús» (v. 29).

¿Te puedes imaginar la escena? La visibilidad no era mucha. Las olas, el agua y las tinieblas rugían por todas partes. Pero Pedro miró hacia aquella voz y salió al agua. Comenzó a caminar hacia Jesús. Y el versículo 30 dice: «Pero, al ver el viento fuerte, tuvo miedo y comenzó a hundirse. Entonces gritó: «—¡Señor, sálvame!».

Observa cómo dice que Pedro «vio» el viento. Yo tengo amigos que navegan a vela, y ellos me han descrito cómo las ráfagas de una tormenta de viento pueden llegar a crear ondas semejantes a la tela de pana encima de las olas. Se puede ver, oír y sentir una ráfaga de viento avanzando por el lago. Las tormentas son experiencias multisensoriales, parecidas a las formas en que nos puede atacar el gigante del temor. Sentimos el temor en la boca del estómago, en la frialdad de nuestras manos. Sentimos el temor en la forma negativa en que hablamos de nosotros mismos. Vemos el temor al ver como se desarrolla una situación, ya sea en nuestra mente o frente a nuestros ojos. Lo que Pedro experimentó a través de todos esos sentidos contribuyó a que lo paralizara el temor. Mira los versículos 30–31. Pedro se comenzó a hundir y gritó: «¡Señor, sálvame!». Enseguida, Jesús extendió su brazo, lo sujetó y lo reprendió. «¡Hombre de poca fe!», le dijo. «¿Por qué dudaste?».

La respuesta es obvia. ¿Hola? Las olas eran de cuatro metros. Las ráfagas de viento lo golpeaban por todas partes. El agua volaba por encima de él. Y aparte, está el hecho de estar caminando sobre el agua. Pedro se dio cuenta por un segundo de que no era normal que hiciera aquello. Estoy seguro de que le pasó por la mente la imagen de que se iba a ahogar.

Pero hay una buena noticia. Tan pronto como Pedro dijo «¡Señor, sálvame!», inmediatamente Jesús lo sujetó. No titubeó. No se tardó. El texto dice que lo hizo «enseguida». Jesús estaba más cerca de Pedro de lo que él pensaba.

La tormenta no cesó de inmediato; eso sucedió después de que Jesús y Pedro llegaron a la barca. No, la tormenta seguía azotándolos cuando Jesús sujetó a Pedro. Creo que es posible que Jesús, mientras caminaban hacia la barca, le dijera a Pedro, de la misma forma que nos lo dice a nosotros: «Todo está bien. Yo te tengo, incluso en medio de esta tormenta. No tienes nada que temer».

La sustancia de la fe

¿Qué necesitamos escuchar, y ver, y sentir, y comprender acerca de Jesús, que pueda reemplazar lo que los gigantes nos dicen? Son cuatro cosas.

1. Recordamos que Dios es capaz.

Dios es capaz. Punto. Eso es lo que tenemos que recordar constantemente.

Claro que nos puede llevar algún tiempo entretejer esto dentro del tejido de nuestros pensamientos. Tal vez nos hayamos ido abriendo paso a un gigantesco desorden de temor, y ansiedad, y estrés, a lo largo de meses, e incluso años, por lo que te podría llevar algún tiempo despegar y quitar las capas que envuelven al gigante para poderlo eliminar. Pero también es posible que todo suceda de manera instantánea.

Dios puede obrar de forma instantánea. De hecho, por el poder que hay en el nombre del Señor Jesucristo de Nazaret, alguien pudiera ser liberado de las cadenas del gigante del temor aquí y ahora, en este mismo momento en que estás leyendo este libro. Lo puedes cerrar para nunca más volver a sentirte desmoralizado por ese gigante.

Sin embargo, Dios suele obrar por medio de procesos. Lázaro volvió a la vida en un instante, pero tuvo que salir caminando de su tumba (Juan 11). Los que estaban allí tuvieron que desatarlo de sus vendas para que pudiera seguir caminando. De igual manera, puede que necesites que te retiren las capas también. Tal vez eso signifique buscar ayuda médica durante un tiempo. Tal vez necesites atravesar ciertas situaciones de la vida, acompañado por un consejero en quien confíes, que ame a Jesús y esté diez años adelante de ti en su caminar. Tal vez sea necesario que un amigo de confianza o un grupo pequeño intervenga y te ayude mientras Dios supervisa el proceso.

Cualquiera que sea el proceso, comienza con una confesión. Nuestras palabras son poderosas. Y la confesión inicial es más una declaración que cualquier otra cosa. Es esta: mi Dios puede salvar.

¿Sabes de dónde procede esta idea? Lee los últimos capítulos de Isaías, comenzando alrededor del capítulo 46, y verás la habilidad ilimitada de Dios desplegada para su pueblo. Dios nos recuerda una y otra vez que Él siempre tiene un plan. Él es más grande que todo cuanto el mundo nos pueda tratar de lanzar encima. Nos podemos llenar de temor. Nos podemos preguntar si alguna vez se irá a resolver un problema determinado, o nos podemos atemorizar de que no sabemos cómo terminará todo. Pero Dios nos recuerda que Él es Dios, y que no hay otro Dios más que Él.

Así es como se desarrolla la fe, cuando nos acercamos a esas verdades.

Como ya mencioné, durante un período oscuro de mi vida, cuando el temor dominaba mis días y era dueño absoluto de mis noches, fui a parar a una sala de emergencias, bajo el cuidado de un médico, debido a un estado extremo de ansiedad provocado por mi depresión. Durante un corto tiempo necesité medicamentos que me ayudaran a renovar y hacer funcionar de nuevo mi cerebro. A partir de ese tiempo he aprendido que los medicamentos son cosa normal en la lucha contra la ansiedad y la depresión para una mayor cantidad de personas de la que yo me hubiera imaginado jamás.

Un día le pregunté al médico: «¿Cómo funciona este medicamento? ¿Por qué hace que yo me sienta más calmado?».

«¿Comprendes cómo funciona la memoria de corto plazo de tu computadora?», me preguntó. «¿Y cómo regularmente necesitas refrescar el contenido de esa memoria para que la velocidad y el rendimiento de tu computadora sean óptimos?».

Yo asentí.

«Pues tu cerebro también tiene una memoria», me dijo. «Ese medicamento borra lo que tienes en tu memoria de corto plazo, de manera que tu cerebro olvide por un momento aquello a lo que le temes».

Es algo brillante. Y también es el motivo por el cual cuando estás tomando ese medicamento dejas abiertas las puertas del gabinete y la llave del agua abierta en el fregadero.

Pero es una idea poderosa. Nuestro cuerpo sabe que necesitamos refrescar los depósitos de la memoria para aliviar nuestro temor. Así es precisamente como funciona la Palabra de Dios. Cuando nos empapamos de sus palabras, y meditamos en ellas, reemplazamos con ellas en nuestro cerebro aquello a lo que tememos. Podrá rugir una tormenta a nuestro alrededor. Se podrá estar burlando de nosotros algún gigante y tratando de desmoralizarnos. Pero nos podemos saturar de las verdades que hay en la Palabra de Dios y recordar que Dios es capaz. Él siempre es capaz de todo. Él es el Señor, y no hay otro que pueda salvar, solo Él. Lo que Él se ha propuesto sucederá, y lo que Él ha dicho será.

En Mateo 6.25-34, Jesús presenta esta misma idea de una manera un poco más amigable. Él pregunta:

¿Por qué se preocupan por lo que van a comer? ¿Por qué se preocupan por lo que van a llevar puesto? ¿Por qué se preocupan por su ropa? ¿Acaso no saben que su Padre del cielo sabe lo que ustedes necesitan? Él vistió a los lirios del campo con toda su belleza. Ni una sola ave cae del cielo sin su conocimiento. Él le da a todo lo que hay en la tierra todo lo que tienen. Seguramente Él, su Padre, les dará lo que necesiten. Porque, ¿quién de ustedes, por preocuparse, le podrá añadir un par de centímetros de comodidad a su vida? Su Padre les dará lo que necesitan, porque Él puede hacerlo. (Paráfrasis del autor).

2. Mantenemos al Señor siempre delante de nosotros.

Me encanta el salmo 16, escrito por David, el pastorcillo, y a quien Dios usó para presentarnos la imagen de Jesús matando a Goliat. Es magnífico aprender de memoria todo este salmo, pero si eso te parece demasiado ahora, limítate a aprender de memoria el versículo 8, en el cual dice David: «He puesto al Señor siempre delante de mí; con él a mi derecha, nada me hará caer».

¡¿No es esto maravilloso?! ¿Por qué David no se sintió aterrorizado ante el gigante? Porque David estaba continuamente enfocado en alguien más grande que Goliat. Por eso no le tenía miedo. David ponía al Señor siempre delante de sí. Porque Dios estaba a su mano derecha, David no era sacudido.

El gigante era más grande que David. Pero Dios era más grande que el gigante.

Este versículo nos recuerda de una manera magnífica que Dios también está presente en nuestra vida. En el Antiguo Testamento, hablar de la *derecha* era indicación de que alguien era valorado, honrado, e incluso puesto en una situación de intimidad. Si te sentabas a la derecha de alguien, ese era el mejor asiento en su casa. En el Nuevo Testamento, el equivalente para los creyentes es que Jesús vive en nosotros. Estamos crucificados con Él, y ya no vivimos nosotros, sino Cristo es quien vive en nosotros (Gálatas 2.20). Jesús vive en nosotros cuando los gigantes se burlan de nosotros. Jesús vive en nosotros cuando nos encontramos en medio de una tormenta. Y porque Jesús está a nuestra derecha, no seremos conmovidos.

El salmo 16 no termina aquí. También nos muestra los resultados de mantener nuestro enfoque en Cristo. El versículo 9 dice: «Por eso mi corazón se alegra, y se regocijan mis entrañas; todo mi ser se llena de confianza».

Ese gigante ha caído ya, amigos míos. Dios lo puede hacer. Él siempre lo puede hacer. A nosotros se nos invita a tenerlo a Él siempre delante de nosotros. A no apartar los ojos de Él. Con la fe, podemos decir que nuestro corazón se alegra y nuestra lengua se regocija, y nuestro cuerpo descansará seguro.

3. Llamamos por su nombre a lo que nos mantiene despiertos de noche.

He aprendido que la ansiedad puede ser devastadora, pero también he llegado a comprender que la ansiedad no es algo en sí misma. En otras palabras, si alguien dice: «Ora por mí, que mi *ansiedad* me está dando problemas», ¿qué quiere decir en realidad? Decir: «Estoy luchando con las preocupaciones, o la ansiedad, o el temor», no nos lleva a la raíz del problema. Y mientras no nos enfrentemos a la raíz, nunca cambiaremos el fruto.

Tenemos ansiedad por una razón. Algo, o alguien, nos está dando ansiedad. Para quedar libres de temores, tenemos que nombrar de forma concreta aquellas cosas que nos están robando el sueño por las noches.

«Señor, esto es lo que me está produciendo temor:

»La factura que se va a vencer (por $916.95), y el hecho de que no la puedo pagar.

»(Bob) en el trabajo, y el hecho de que le va a dar un ascenso (a Amanda), a pesar de que el trabajo de ella no es tan bueno como el mío, solo porque ella le cae bien.

»Mi hija anda con un tipo (di su nombre) que no me inspira confianza.

»El primer tratamiento de quimioterapia es mañana a las 10:00 a.m. con la doctora Eneida, y tengo temor de los resultados».

Una vez que identifiquemos al culpable, y admitamos que nuestra inquietud está atada a esta persona o circunstancia, podemos descargarnos de esas preocupaciones y entregárselas a Dios. En sentido figurado, las podemos poner en las manos de nuestro Padre celestial, y confiarlas a su soberano cuidado. No es minimizar la importancia de la situación, sino maximizar nuestra visión del Único en el que podemos confiar por completo. No negamos el problema que nos hace sentirnos amenazados, sino que lo reubicamos a las manos del Único que lo puede solucionar. Y allí lo dejamos mientras cerramos los ojos para dormir.

Como David, decimos:

> *Muchos son, SEÑOR, mis enemigos;*
> *muchos son los que se me oponen,*
> *y muchos los que de mí aseguran:*
> *«Dios no lo salvará».*
> *Pero tú, SEÑOR, me rodeas cual escudo;*
> *tú eres mi gloria;*
> *¡tú mantienes en alto mi cabeza!*

Clamo al Señor a voz en cuello,

y desde su monte santo él me responde.

Yo me acuesto, me duermo y vuelvo a despertar,

porque el Señor me sostiene. (Salmos 3.1–5)

4. Llenamos nuestros labios de alabanza.

Observa de nuevo esa triple fórmula de bondad en Salmos 16.9: «Por eso mi corazón se alegra, y se regocija mi lengua; todo mi ser se llena de confianza».

Cuando tenemos a Jesús a la vista, la adoración puede fluir de nuestra boca sin impedimento alguno. Una canción de alabanza puede estar en nuestros labios. Ver a Jesús hace que se alegre nuestro corazón y se restaure nuestro reposo. Y ver a Jesús nos hace cantar.

Ahora bien, ¿por qué cantar si las circunstancias siguen siendo las que son? ¿Por qué cantar si el resultado aún no se sabe?

Cantamos porque vemos a Dios. Vemos su poder y recordamos su amor. Recordamos que Él siempre nos ha sacado de apuros y que su misericordia nunca nos ha fallado. No agitamos una varita mágica sobre lo que nos está causando el temor para hacer que desaparezca al instante. Sencillamente, relegamos nuestro temor al lugar que le corresponde: detrás de Jesús. No perdemos de vista a Jesús a causa de la furiosa tormenta; al contrario, momentáneamente perdemos de vista el viento y las olas, gracias a Jesús. Y con los ojos fijos en Él, clamamos diciendo: «¡Tú eres el que tienes el control!». No ignoramos la presencia del peligro. Pero proclamamos la presencia de nuestro Dios.

La adoración y la preocupación no pueden ocupar el mismo lugar; ambas cosas no nos pueden llenarnos la boca al mismo tiempo. Una de ellas siempre desplaza a la otra. O hablamos condenación y destrucción, elevando al máximo nuestro grado de preocupación y estrés, o recordamos el tamaño y el carácter del Todopoderoso. Le entregamos a Él nuestros resultados, y centramos nuestro pensamiento en sus planes soberanos.

El antídoto del temor es la fe, y la banda sonora de la fe es la adoración.

Dios nos anima a *ponernos* las vestiduras de alabanza cuando nos sentimos enredados por el espíritu de pesadez. Él nos da cantos en la noche, himnos para la noche oscura del alma en la cual nos acechan el temor y el estrés. Se nos invita a preparar nuestro viaje con listas de cantos de alabanza. Ante la incertidumbre canta de un Dios confiable que nunca cambia.

Nosotros tenemos la capacidad de decidir hacia dónde miramos y a quién miramos. Hemos sido llamados a mirar hacia Jesús, en especial en medio del fragor de la batalla.

Cuando te pierdes en una tienda

¿Te puedes acordar de cómo se siente uno cuando «descansa seguro»?

Esa es la indicación de que el gigante del temor ha caído, ¿verdad? Recuerda cuando eras niño. Estabas con tu mamá en una tienda, y ya tenías suficiente edad para que ella no necesitara llevarte todo el tiempo de la mano. Justo estabas probando la libertad de explorar y deambular, así que te alejaste unos metros, y todo iba bien; entonces, te alejaste unos cuantos metros más, y todo seguía bien. Aún la podías ver. Te alejaste unos pocos metros más. Te estabas sintiendo muy confiado en ti mismo. Cuatro años de edad, y realmente independiente. Revisando la sección de los zapatos tú solo. Pero entonces, te volviste para ver a tu mamá, y de repente ya no la podías ver por ninguna parte. ¿Recuerdas cómo te sentiste?

Eh… «¿Mamá?».

La llamaste un poco más alto: «¿MAMÁ?».

Nada.

Te comenzaste a mover. Miraste hacia arriba. Miraste a la derecha. Miraste a la izquierda. Miraste a la derecha. Tu corazón comenzó a latir con fuerza, y sentías que no estabas muy lejos de un colapso. Corriste por un pasillo. Corriste por otro pasillo. «¿Mamá? ¿MAMÁ?». ¡¿Dónde estará?!

Te tiraste al suelo y buscaste con desesperación por sus zapatos por debajo de los estantes. Entonces empezaste a llorar. Estabas llorando porque te sentías perdido y asustado. Estabas llorando porque perdiste de vista a la persona que cuidaba de ti. Entonces la oíste. Ella te estaba llamando por tu nombre.

«Acá estoy, bebé», te dijo.

Ella sabía dónde estabas. Te estaba vigilando. Te estaba esperando. Esperando que te volvieras a enfocar y pusieras tus ojos en ella. Así es como se siente uno cuando descansa seguro. Nos sentimos encontrados de nuevo. Estamos exactamente donde debemos estar.

Y esta es la invitación que nos hace Dios: que estemos constantemente conscientes de su presencia. Centrar de nuevo nuestra atención en Jesús. Cuando nos enfocamos en Cristo de forma deliberada e intencional, recordamos que Dios es capaz de todo. Sabemos que Él siempre está con nosotros. Y también sabemos que Él es siempre bueno. Decimos con David: «He puesto al Señor siempre delante de mí; con él a mi derecha, nada me hará caer».

¿Quieres combatir el temor que hay en tu vida? La batalla no es tuya. La batalla le pertenece al Señor. Jesús ya ha tomado la honda y la piedra, y ha matado al gigante. El gigante del temor ya ha caído. Jesús ya hizo la obra en la cruz. Nuestra responsabilidad consiste en tener fe. Ese es el antídoto. Dios lo puede todo. Jesús es suficiente. Cuando fijamos nuestros ojos en Él, nada nos hará caer. Podremos descansar seguros.

Pero tal vez el temor no sea tu peor enemigo. Tal vez sea otra cosa.

CAPÍTULO 4

El rechazo debe caer

—

El rechazo es algo real.

A nadie le agrada sentir que no es lo suficientemente bueno. O lo suficientemente listo. O lo suficientemente anhelado.

A nadie le gusta que lo excluyan o que lo pasen por alto.

Podemos poner una cara que dice que *no necesitamos la aprobación de nadie*. Sin embargo, al decirlo, ¿acaso no estamos admitiendo que sí la necesitamos?

Aunque quisiéramos que no fuese así, la opinión de los demás sí nos importa. Una palabra de rechazo, aunque sea pequeña y sin intención de herir, a veces se nos pega y nos duele.

En el caso de algunos, el hecho de haber sido rechazados se convierte en un compañero inseparable. Es como un viento frío que te sigue dondequiera que vayas. Algún tipo de rechazo en el pasado se ha ido agravando y te ha llenado de inseguridad, de sentir que no vales nada, y de una sensación de abandono.

Quizá hayas tenido un padre que ni siquiera se quedó lo suficiente como para conocerte.

O tu pareja te abandonó y ahora vive en Seattle con otra mujer y sus dos hijos.

O tus padres se separaron y te has tenido que adaptar a una vida entre dos familias.

O un amigo en el que confiabas dejó de tomar tus llamadas o responder a tus mensajes de texto.

O un ser amado falleció de repente, dejándote solo.

Tu sentido de rechazo podría ser grande.

O podría ser más sutil: tomando la forma de un sentido de ineptitud nacido de algo que en su momento pareció inofensivo.

Cuando yo era adolescente, soñaba con convertirme en jugador profesional de tenis. En la prepa nos pasábamos la vida practicando. Todos los días jugábamos tenis. Jugábamos en el crudo invierno. Jugábamos en la lluvia. Jugábamos en pleno calor. Jugábamos a altas horas de la noche. Jugábamos tenis contra una pared. Jugábamos todo el tiempo.

En mi último año de prepa, me fue bien en individual, y formé parte del equipo de dobles que tenía el primer lugar en nuestra escuela. Yo jugaba bien en dobles, pero la verdadera razón que teníamos el primer lugar era que tenía al mejor jugador como compañero. Se llamaba Ray Dukes; éramos vecinos y buenos amigos, y no cabía la menor duda de que Ray Dukes era el mejor de nuestra escuela. Su raqueta de tenis de grafito marca Arthur Ashe era una belleza, igual que su golpe de revés.

Ahora bien, si juegas dobles y tienes como compañero al mejor jugador, entonces va a ser difícil derrotarlos, porque un gran tenista puede significar toda la diferencia en triunfar como equipo de dobles. Ray y yo competimos toda la primavera.

Tú vales *Jesús* para Dios.

Ganamos nuestro partido de distrito y llegamos al torneo regional. Después de un día de ardua competencia, estábamos en la final regionales. Aquello era grande. Si ganábamos ese partido, iríamos al torneo estatal.

A medio partido me di cuenta de que mi padre había llegado de repente. Estaba reclinado en la pared de la tienda de artículos y recuerdos, y me observaba. Me emocioné mucho, porque mi padre nunca había ido a verme jugar tenis. Él me amaba muchísimo: esa no era la razón. No tenía mucha flexibilidad en su agenda de trabajo, y nuestros partidos siempre eran después del mediodía. Pero allí estábamos, en la final regional, y allí estaba mi papá. Él nunca me había visto jugar a este nivel. Me había apodado «Ace» As (nada que ver con el tenis; solo le agradaba el apodo, y a mí también), y yo estaba sacando en el momento que vi a mi padre. Me imaginé que debía ser una señal de Dios, porque yo estaba a punto de derrotar a mi oponente con el mejor de mis saques.

En el tenis, tienes dos oportunidades de saque por cada punto. En la primera oportunidad uno saca con toda su fuerza, porque si falla, no pasa nada; no hay presión. Todavía tiene una segunda oportunidad. En la segunda oportunidad, uno le baja un poco y se asegura de tener la pelota totalmente bajo control, porque si falla en la segunda, entonces el punto es para su oponente. Es una doble falta.

Yo sabía exactamente lo que iba a hacer. Con mi primer saque, me iba a extender hacia atrás y golpear la pelota con tanta fuerza que rebotaría fuerte en la cerca de atrás. De hecho, iba a «subir la T», lo cual significaba que mi saque iba a pasar muy cerca de la red, directo, fuerte, bajo y sobre la línea del centro. Mi oponente ni siquiera iba a ver la pelota, y mucho menos tocarla. Iba a ser algo estupendo. Mi papá me iba a ver haciendo aquel saque tan excelente, y entonces iba a pensar: *¡Vaya! ¿Quién lo habría pensado? Ese es mi chico. ¡Así se juega, Ace!*

El buen jugador comienza su saque con la misma rutina. Mi rutina consistía en rebotar la pelota tres veces sobre el piso de la cancha. *En el nombre del Padre, en el nombre del Hijo, en el nombre del Espíritu Santo.* Estoy bromeando, aunque al recordar las cosas, no me habría hecho ningún daño. Hice rebotar tres veces la pelota, la lancé en alto y le pegué con todas mis fuerzas. *¡Pam!*

Tres metros por encima de la línea posterior. Fuera.

La frente se me comenzó a llenar de sudor. La cancha parecía haberse encogido al tamaño de una caja de cerillos. Tragué fuerte y no me atreví a mirar hacia donde estaba mi padre. Repetí la rutina. Tres rebotes. *¡Golpe!*

La pelota voló directo a la red. Doble falta.

Punto para el otro equipo.

Traté de no superarlo y concentrarme para el siguiente saque, pero de nada me sirvió.

Un saque tras otro. Falta. Doble falta. Red. Fuera. Conservadoramente diría que cometí doble falta diez veces aquel día. Fue desastroso. De hecho, cometí doble falta en un juego entero de ese partido.

¿La única buena noticia? Que de alguna manera luchamos con todo y terminamos ganando el partido. A pesar de todo, íbamos a estar en el torneo estatal.

Estábamos superentusiasmados.

¿Qué te parece mi «insegurograma»?

———

Aquella misma noche, después de practicar otro rato, me daban ansias por volver a casa para compartir mi victoria con mi padre. Él había tenido que volver a su oficina justo después de que ganamos, y yo no había podido hablar con él. Me lo imaginaba mirándome para decirme: «Oye, fue un partido difícil. Pero seguiste jugando con todas tus fuerzas. Así se hace. Ahora vas al torneo estatal. Ace, estoy orgulloso de ti».

Sin embargo, las cosas nunca salen exactamente como las planeamos.

Mi papá terminó llegando a casa después de mí, y cuando cruzó la puerta principal, yo estaba sentado en la sala, listo para una pequeña celebración. Pero en lugar de celebrar, se medio rio entre dientes y me dijo: «Bueno, creo que no te voy a poder seguir llamando Ace. A partir de ahora, te vamos a llamar Doble Falta». Me lo dijo sonriendo. Creo que lo quiso decir de la mejor manera, porque yo sonreí y me reí también.

Pero me dolió.

Me dolió de verdad. Lo increíble de esta historia es que seguí jugando en competencias de tenis por años, y aunque ya no juego mucho, hasta el día de hoy, cuando voy a sacar la pelota, a veces puedo oír en mi mente las palabras de mi padre:

Te vamos a llamar Doble Falta.

Sé que no faltará quien piense: *En serio, ¿tu papá te hizo una burla, y fue todo un trauma para ti? Qué debilucho.*

Lo entiendo. Para algunas personas, el rechazo es como el monte Everest. Real. Crudo. Con consecuencias. Y devastador.

No te estoy diciendo que un comentario sarcástico por casi perder el partido con dobles faltas sea lo mismo que ser abandonado por tus padres en la puerta de un hospital.

Esta historia tiene que ver con más que un jovencito jugando al tenis. Tiene que ver con como el gigante del rechazo puede crecer en la mente y corazón de una persona. Te garantizo que mi padre no tenía intención alguna de rechazarme esa noche. No, él fue un padre maravilloso. Sus palabras llevaban una intención inocente. Al fin y al cabo, si había cometido doble falta... *¡muchas veces!*

Pero incluso cuando no se tiene la intención de hacer daño, una diminuta semilla de rechazo puede echar raíces y causar estragos más adelante.

Tal vez cuando escuchas la palabra «rechazo» te digas: «Sí, eso me pasó a mí. Comprendo por completo de lo que está hablando, porque me siento rechazado todo el tiempo». También es posible que ese gigante no sea tan evidente en tu vida. Quizá digas: «Bueno, me doy cuenta de que el rechazo puede ser un problema para algunos, pero no para mí. Yo soy una persona de bastante éxito, así que no me incluyan».

Sigue leyendo, porque el rechazo se presenta en más maneras de las que nos imaginamos. Este gigante tiene primos en ambos lados de la familia, y esos dos lados no se parecen para nada.

En un lado de la familia, los primos se llaman inseguridad, baja autoestima, inferioridad e incluso odio a sí mismo.

En el otro lado de la familia, y puede que te sorprenda descubrir que son parientes, los primos se llaman sed de éxito, perfeccionismo, éxito a toda costa y siempre querer lograr más que los demás.

Ambos conjuntos de conductas forman parte de la misma familia disfuncional. Si te han dicho que no vales nada, entonces te tienes en poco a ti mismo. Y si te han dicho que solo vales la pena cuando logras algo, entonces piensas que tienes que demostrarlo continuamente para que te acepten. Ambos métodos para enfrentarse a la vida son señales de que estás peleando con el gigante del rechazo.

Todas las personas luchan con alguna forma de rechazo. Todos hemos sentido que no damos el ancho. Todos experimentamos ambientes competitivos, donde sentimos que necesitamos trabajar duro, o de lo contrario, no vamos a conseguir aprobación.

Hace ya mucho tiempo, en el mismo huerto del Edén, una semilla de rechazo fue sembrada en la humanidad. Esa semilla se ha convertido en una gran planta llena de espinas, y sus flores insisten en que nos comparemos con todos los demás. Verás: todos comenzamos de una manera milagrosa, totalmente amados y aceptados, en la mente y el corazón del Dios omnipotente. Todos fuimos creados por Él. Somos sus obras maestras. Sin embargo, nacimos en un mundo caído que ha creído la mentira de que las personas solo valen por lo que puedan lograr, o por lo que los demás consideran que valen.

En Génesis 3, Adán y Eva vivían en el huerto del Edén en perfecta armonía. En su inicio, ellos despertaron al amor y asombro ante los ojos de su Hacedor. Dios caminaba con ellos de una manera amistosa e íntima todos los días. Adán y Eva vivían una vida sin mancha en un ambiente sin contaminación. Pero entonces la serpiente, la encarnación del mal, entró en la historia para insistirles que necesitaban algo más para ser felices. Dios les estaba reteniendo algo, les mintió la serpiente, y a sus vidas les faltaba algo.

La respuesta de Adán y Eva debió haber sido: «De ninguna manera. Dios no nos está reteniendo nada. Nosotros fuimos creados a su imagen. Llevamos el sello de la divinidad en el corazón. Solo los humanos lo tenemos. Las plantas no lo tienen. Los animales tampoco. Ni siquiera las estrellas del firmamento lo tienen. En cambio nosotros, los humanos, sí. Fuimos hechos a semejanza de Dios» (lee Génesis 1.26–27).

Pero no fue eso lo que dijeron Adán y Eva. Escucharon a Satanás. Desobedecieron a Dios, y cuando eso sucedió, el pecado entró en el mundo. Quedó sembrada una semilla llamada «rechazo». Esta semilla hace que las personas pensemos que somos inferiores; que nos falta algo más para ser todo lo que pudiéramos ser.

Hoy en día vemos las señales de esto por todas partes. El mundo caído en el que vivimos ha sido corrompido por un sentido de inferioridad. A muy temprana edad aprendemos a compararnos con todos los demás. Nos fijamos en los que nos rodean para medir cómo nos está llendo a nosotros. Esto es particularmente perturbador en el mundo moderno, donde las redes sociales nos confrontan todo el día.

Cuando yo era muchacho, iba a una primaria donde en mi clase había quizá unos veinte niños más. Veinticinco como máximo. Esa era toda la gente con la que me tenía que comparar. Pero hoy, debido a las redes sociales, tenemos una cantidad incalculable de personas con las cuales compararnos. El mundo entero está ahí para nuestra comparación. Cada vez que una persona escribe algo en redes sociales, lo que está preguntando es: «Mundo, ¿qué tal me veo? ¿Les agrado o no?». Si no tenemos cuidado, esto se puede convertir en una trampa de comparación.

¿Cómo conseguimos los «likes»? «Solo si...». Solo si tu cabello se ve asombroso, solo si fuiste al concierto, solo si comiste en el restaurante más nuevo y maravilloso, solo si asististe a la conferencia correcta, solo si te dieron el mejor reconocimiento, solo si andas con la persona más de moda o más famosa, solo si estás de vacaciones en la playa correcta, solo si tus hijos son lo suficientemente simpáticos, solo si tu novia o tu novio es un «carita» («cari», si te falta tiempo para la «ta»), solo si tu proyecto de INSPÍRAME resultó espectacular... Entonces y solo entonces recibes «likes». Hola, mundo, soy yo... ¿Les agrado?

Solo si...

No subimos nuestra foto con la cara cubierta de espinillas. No, no subimos muchas fotos de la vida real. «Hola, mundo, acabo de despertar. ¡Tengo el cabello ceboso y legañas en los ojos!». Eso no se ve en las redes con mucha frecuencia. Nunca subimos fotos cuando el peinado nos salió mal, cuando comemos en el restaurante de mala muerte, cuando quedamos en tercer lugar (o menos), cuando estamos con gente poco atractiva, cuando tu proyecto artesanal parece un desastre, digno solo para el basurero. Sí, claro, a veces nos tomamos fotos para hablar del mal día que hemos tenido. A veces nos reímos de nuestros fracasos. O nos quejamos de las redes sociales. Pero generalmente, aun ahí, estamos buscando elogios. Queremos unas palabras de aliento que nos animen. Queremos que la gente esté de acuerdo con nosotros; que se ponga de nuestro lado en nuestra frustración; que diga: «Ay, pobre de ti, esa mesa tan fea está mejor de lo que piensas».

Las redes sociales pueden ser algo bueno cuando se usan bien. Pero si las usamos para medir cuánto valemos, estamos perdidos. Si vivimos para conseguir la aprobación de la gente, moriremos a causa de su rechazo.

Si no tenemos cuidado, olvidaremos que fuimos creados milagrosamente por Dios, con un propósito y un plan que Él puso en movimiento en nuestras vidas. Él no nos pidió que nos comparáramos con otras personas, ni que corriéramos la carrera de otro. Él simplemente nos dijo: «Corre tu carrera». Punto. No nos pidió que trabajemos al ritmo de otros. Quiere que trabajemos a *su* ritmo de trabajo. Dios quiere que creamos y sepamos en nuestra alma que «el que comenzó la buena obra en [nosotros] la irá perfeccionando hasta el día de Cristo Jesús» (Filipenses 1.6). Jesús quiere que comprendamos de dónde procedemos y de quién somos. Si perdemos de vista nuestro milagroso origen, y nuestra re–creación en la belleza de la persona de Cristo, entonces este gigante del rechazo se va a burlar de nosotros y nos va a atormentar todos los días de nuestra vida.

Somos obra de Dios

Cuando David entró en la batalla contra Goliat, estaba enfrentando al gigante del rechazo. Se ve claro en el texto.

David era todavía un adolescente. No estaba en el ejército; solo había ido a llevar provisiones a sus hermanos. Cuando llegó al campamento, oyó hablar de Goliat. Oyó las burlas, y no le gustó lo que oyó. Preguntó quién era aquel gigante y quién lo iba a derribar. Pero a su hermano no le agradaron sus preguntas. Observa lo que dice el texto: «Eliab, el hermano mayor de David, lo oyó hablar con los hombres y se puso furioso con él. Le reclamó: —¿Qué has venido a hacer aquí?» (1 Samuel 17.28).

Retrocedamos un poco, porque esta reacción de Eliab no es sorprendente si conocemos el resto de la historia. En 1 Samuel 16, vemos que David tenía siete hermanos mayores. El profeta Samuel llegó a la casa de Isaí con el propósito de ungir a un nuevo rey para Israel. Isaí era el padre de David, y Samuel le pidió que le presentara a todos sus hijos. Isaí comenzó por Eliab, el mayor. Salió Eliab, y era el más alto, el de más edad y el más fuerte. Seguramente ese sería el nuevo rey. Pero Samuel dijo: «No. Él no».

¿Qué tal el que le sigue en edad?

No, ese tampoco.

¿Y el siguiente?

No.

Y así fueron desfilando todos. David era tan joven, que Isaí al principio ni siquiera se había molestado en llamarlo. David estaba afuera, en el campo, cuidando las ovejas. Pero Samuel pidió verlo. Y cuando llegó David, Samuel dijo: «Ese es. Lo voy a ungir».

¿Cómo se sentiría Eliab aquel día? Se ha de haber sentido celoso y despreciado. El sistema parecía estar al revés. Él no había sido escogido como rey. El menor de todos sus hermanos, sí. El que al principio ni siquiera había estado en la fila.

A nosotros nos sirve esto como una buena manera de recordar que Dios obra a su manera. Las batallas no se ganan por la fuerza de los hombres. Se ganan por obra de Dios. Por eso, en la historia de David y Goliat hemos descubierto la inmensa revelación que nosotros *no somos David*. No se trata de que reunamos nuestras hondas y piedras para bajar al valle a matar al gigante del rechazo nosotros mismos. No, Dios va a hacerlo por nosotros. Dios escoge lo débil para confundir a los fuertes; lo sencillo para vencer a los sabios.

En este caso, Dios escogió al más joven de todos, para hacer ver que las apariencias externas no son lo que lo impresiona a Él. Es la fe del corazón.

En un mundo perfecto, Eliab habría comprendido esto. Al llegar David a la batalla, se habría sentido orgulloso de él, en vez de molestarse con él. Habría dicho: «Oigan todos, este es mi hermano menor. Un día va a ser el rey de Israel. Y yo seré el hermano mayor del rey de Israel. Increíble, ¿no?». Entonces se habría vuelto hacia David para actuar como el hermano mayor que Dios lo llamó a ser. Le habría dicho: «Hombre, me alegra que estés aquí, David. Gracias por haber venido. Gracias por el pan y el queso».

De haber estado inspirado, Eliab se podría haber ofrecido para pelear a fin de proteger a su hermano. A lo menos, habría animado a David, su hermano menor, cuando dijo que se quería enfrentar a Goliat.

Pero no fue eso lo que sucedió. Eliab seguía amargado. Sentía que lo habían rechazado, así que ardía de enojo y le dijo a David: «¿Qué has venido a hacer aquí? ¿Con quién has dejado esas pocas ovejas en el desierto? Yo te conozco. Eres un presumido y mal intencionado. ¡Seguro que has venido para ver la batalla!» (1 Samuel 17.28). Eliab se sentía rechazado, y la gente rechazada rechaza a los demás. Si te sientes rechazado, o si genuinamente has sido rechazado, es probable que estés transmitiendo tu sentido de rechazo a quienes te rodean.

Vayamos ahora a trece años después de la noche en que casi se cambia mi apodo a «Doble Falta». Mi papá había quedado incapacitado por una violenta infección cerebral que lo dejó mental y físicamente imposibilitado. Los efectos del trauma de la enfermedad y varias cirugías en el cerebro habían acelerado su proceso de envejecimiento. Comenzó a decir cosas que nunca antes le había oído decir. Estaba hablando sin medir sus palabras, como les sucede a veces a los ancianos.

Yo sabía que su niñez había sido difícil. Sus padres se separaron; yo sabía que había vivido con su tía por un tiempo, y quizás se lo habían pasado de un familiar a otro. Pero yo no le preguntaba, y él no hablaba del tema. Resulta que yo no sabía ni la mitad de lo sucedido. Un día, sentado con mi padre a solas en su cuarto del hospital, yo le estaba diciendo lo mucho que lo amaba. Y también lo mucho que Jesús lo amaba.

«A mí nunca me ha amado nadie», me contestó, con una profunda tristeza en los ojos. «Nadie me ha querido jamás».

Me quedé paralizado, y se me llenaron los ojos de lágrimas.

De repente, cobró sentido gran parte de la vida (hasta la incómoda broma de «Doble Falta»). Mi padre, el héroe invencible al que había admirado toda mi vida (y aún admiro, aunque ya no vive), había sido aplastado en el lodo del rechazo al principio de su vida, y nunca se había recuperado por completo.

Mi padre no estaba tratando de rechazarme, pero los efectos de su propio rechazo, ese rechazo tan real que él había soportado, se manifestaban de manera incontrolable.

La segunda vez que David se sintió rechazado fue después de decir que quería pelear con el gigante. El rey Saúl lo supo, y llamó a David para hablar con él. Le dijo: «¡Cómo vas a pelear tú solo contra este filisteo! No eres más que un muchacho, mientras que él ha sido un guerrero toda la vida» (v. 33). En otras palabras: «Mira, David, tú no eres lo suficientemente bueno para esto. No tienes la estatura. No eres lo suficientemente fuerte. No eres capaz de hacer esto».

Todos hemos pasado por esto, aunque se nos haya dicho de otro modo.

«Nunca lo vas a lograr».

«No me vengas con locuras».

«No te hagas ilusiones».

«Nunca vas a servir para nada».

«No eres lo suficientemente listo».

«Te falta talento».

«No eres tan bonita».

«No te lo mereces».

«No te quieren tanto».

David siguió adelante a pesar de esto, y terminó saliendo a pelear con el gigante, momento en el cual sintió otro rechazo.

Goliat se le acercó, lo miró de arriba abajo y vio que «era muchacho, y rubio, y de hermoso parecer» (v. 42, RVR60). ¿A qué alude la palabra traducida aquí como *rubio*? Se refiere al color de las mejillas de David. No era aún un hombre curtido por la vida. Era un mozo de cara juvenil. Y «con desprecio le dijo: —¿Soy acaso un perro para que vengas a atacarme con palos? Y maldiciendo a David en nombre de sus dioses, añadió: —¡Ven acá, que les voy a echar tu carne a las aves del cielo y a las fieras del campo!» (vv. 43–44).

¿Hablas en serio?

Primero, David es rechazado por su hermano, porque este aun se siente rechazado. Después, es rechazado por Saúl, porque es demasiado pequeño. Más tarde, es rechazado por Goliat porque solo es un muchachito de mejillas sonrosadas. David simplemente no podía ganar. De todos lados le llegan. Me parece que la primera y tercera fueron las duras para David. Una cosa es que el rey le diga a uno que es demasiado pequeño para usar su armadura. El rey tenía razón. Solo lo estaba tratando de ayudar. Pero ser despreciado por tu hermano mayor debe ser difícil. Y porque entonces te ataque un enemigo, básicamente por ser *demasiado bonito* para pelear, eso también tiene que doler. Los enemigos te atacan con todo lo que tengan. Pero, ¿por qué atacar a alguien solo por su rostro juvenil?

El rechazo nos ataca a todos

Ninguna cantidad de dinero, o belleza, o éxito te puede aislar de la posibilidad del rechazo. El rechazo nos persigue a todos de formas diferentes.

Hay quienes tienen un potencial increíble, pero no quieren intentar nada osado porque no quieren fracasar. La decisión más fácil: vivir en la relativa seguridad de la mediocridad, porque pensamos que es mejor que el rechazo.

En el otro extremo se hallan las personas determinadas a ganar en todo; a demostrarle a alguien que son lo suficientemente buenas, o bellas, o valiosas, o deseadas. No descansarán hasta que ocupen el primer lugar en su clase, o sean cabeza de la organización, o la persona más respetada del grupo. Pero nunca son felices, porque están edificando su valor personal sobre la base de sus propios logros. No saben qué harán cuando sus logros ya no basten. Se trata del mismo gigante del rechazo.

Algunas de las personas más bellas de nuestra cultura son las más inseguras. Hay quienes son juzgados por los demás porque tienen un aspecto externo *demasiado* hermoso. Otros, a pesar de su apariencia, nunca sienten en su interior que valen. Yo recuerdo haber visto esto en los días en que Shelley y yo dirigíamos un ministerio estudiantil en Baylor. Algunas de las chicas que parecían tener todo a su favor, se reunían con Shelley y conmigo después de acudir a nuestro estudio bíblico. Nos dirían cosas como: «Yo estoy batallando mucho. ¿Me pueden ayudar?

Tengo un desorden alimenticio. Tengo un problema de imagen. Estoy luchando con mi autoestima y con mi valor propio. No me gusta como me veo».

Era sorprendente oír aquello. Uno ve aquello y piensa: *De toda la gente que hay en esta universidad, ¿de qué puedes tú sentirte insegura? Eres bella. Eres inteligente. Tu ropa está toda a la moda. Estás en la mejor de las sociedades de alumnas. Tienes un BMW estupendo. Todo el mundo quiere ser tu amigo. Se te considera de las personas más bellas de la universidad. ¿Por qué te sientes insegura?*

Hay modelos que son la gente más triste del planeta a causa del gigante del rechazo. Y no solo modelos, sino gente en la cima de cada categoría. Hay grandes atletas que se sienten inseguros porque saben que solo se requiere una lesión para perder su posición en el equipo o sus ingresos. También hay personas increíblemente inteligentes que son inseguras porque sienten que la gente solo los quiere por lo que saben. Hay personas muy competentes y capacitadas que sienten que tienen una imagen que mantener. O bien, una imagen que crear.

Y el temor al rechazo puede llevar a la persona a situaciones perturbadoras. Los psicólogos nos dicen que la aceptación es una de las fuerzas más poderosas en la humanidad. Es lo que todos anhelamos. Es la razón por la que a veces tienes amigos que te perjudican, pero de todas formas andas con ellos. Porque te aceptan. No te animan a ser todo lo que Dios quiere que seas. No tienen los mismos sistemas de valores que tienes tú. Pero te aceptan, y ese es un impulso muy poderoso en la vida. Quizás están en un noviazgo con alguien que sabes que no es la persona correcta para ti. Pero la aceptación que te proporciona supera tu sentido de lo que es mejor para ti. Así es de fuerte la aceptación. Pero ¿se trata de una verdadera aceptación?

Por supuesto que no.

David superó el rechazo que sentía, para realizar el propósito de Dios en su vida. Llegó a la batalla desde un punto de *verdadera* aceptación. Y a eso es a lo que Dios nos invita también a nosotros: a envolvernos en la verdadera aceptación que nos ofrece Cristo. Sea que se trate de la escuela, del trabajo, de nuestros compañeros o de la familia, podemos toparnos con el rechazo todos los días. Lo único que nos va a ayudar a dejar atrás al gigante del rechazo es sumergirnos en la aceptación de Cristo. Necesitamos llegar a la batalla ya sintiéndonos aceptados.

Entonces, ¿cómo desarrollamos esta confianza en Su aceptación? Lo hacemos abrazando estos cuatro grandes principios.

1. Comprendemos el milagro que es nuestra creación.

Nos revestimos de aceptación cuando comprendemos que somos obra de Dios. David sabía eso acerca de sí mismo. Bajo la inspiración del Espíritu Santo, escribió el salmo 139. Es un hermoso salmo que nos ayuda a ordenar nuestra vida día a día. A medio salmo, David declara: «Tú creaste mis entrañas; me formaste en el vientre de mi madre. ¡Te alabo porque soy una creación admirable! ¡Tus obras son maravillosas, y esto lo sé muy bien!» (vv. 13–14).

Eso es una gran verdad mata-gigantes. Fuimos maravillosamente formados. Dios no comete errores. Dios no hace «defectuosos» como se dice en las lineas de ensamblaje. Cuando un producto defectuoso viene llegando en la línea de ensamblaje, uno de los obreros dice: «Este está perfecto. Este también. Ese viene mal. Ensámblenlo de nuevo, o tírenlo a la basura». Pero Dios no hace eso.

Esto lo afirma David. Más adelante en este mismo salmo dice: «Tus obras son maravillosas, y esto lo sé muy bien! Mis huesos no te fueron desconocidos cuando en lo más recóndito era yo formado, cuando en lo más profundo de la tierra era yo entretejido. Tus ojos vieron mi cuerpo en gestación: todo estaba ya escrito en tu libro; todos mis días se estaban diseñando, aunque no existía uno solo de ellos» (vv. 14–16).

El gigante del rechazo no quiere que tú recuerdes el milagro de tu creación. Para que caiga ese gigante, para que pierda todo su poder sobre tu vida, sumérgete en esta realidad:

Dios te hizo.

Único.

Hermoso.

Intencionalmente.

Con un propósito.

Maravilloso.

2. Celebramos el misterio de que Jesús nos escogió.

¿Cómo desarrollamos una aceptación verdadera? Revistiéndonos de la aceptación de Cristo al celebrar del misterio de que Él nos haya escogido.

Efesios 1 nos dice cómo llegamos a formar parte de la familia de Dios. A partir del versículo 4, el texto dice: «Dios nos escogió en él antes de la creación del mundo, para que seamos santos y sin mancha delante de él. En amor nos predestinó para ser adoptados como hijos suyos por medio de Jesucristo, según el buen propósito de su voluntad, para alabanza de su gloriosa gracia, que nos concedió en su Amado».

Esto significa que desde el comienzo mismo de los tiempos Dios te escogió. Mucho antes de que tú lo conocieras, Él te conocía a ti. Te amó mucho antes de que comenzara el mundo. Antes de que tú sintieras el aguijón del rechazo por primera vez, ya Dios había declarado que te escogía a ti. Antes de que los demás decidieran si tú eras lo suficientemente bueno para ellos, Dios ya había decidido incluirte en su familia como hijo o hija del Dios Todopoderoso.

¿Te lo puedes imaginar? Si eres adoptado, es posible que hayas batallado hasta cierto punto en cuanto a tu valor o dignidad. Y eso es comprensible. Pero la decisión de un padre terrenal no puede superar la decisión de Dios cuando promovió tu creación en el vientre de tu madre. Al igual que el salmista, puedes decir: «Aunque mi padre y mi madre me abandonen, el SEÑOR me recibirá en sus brazos» (Salmos 27.10).

Si este es tu caso, es posible que sientas que tu padre y tu madre te entregaron a la agencia de adopción, y eso es lo que te define. Pero tu Padre celestial ya te *había escogido* antes de que ellos te abandonaran. Tu Padre celestial ya había dicho: «Yo te escojo. Te quiero en mi familia eterna: eres hijo mío, eres hija mía. Te doy un nombre; mi propio nombre. Te doy un lugar conmigo, y es un lugar de amor y abundancia. Te doy mi herencia, y mis riquezas son ilimitadas».

Antes de que fueras concebido, Dios declaró en el cielo: «Te escojo como mío». Esa verdad cultiva en nosotros un sentido de inmensa aceptación.

Espero que hayas llegado al punto en tu vida en el que tú también lo has escogido a Él.

Con todo, Jesús fue quien nos escogió primero (lee Juan 15.16).

Deja que esas palabras penetren en tu mente y tu corazón.

Jesús nos escogió.

Jesús te escogió.

3. Captamos el precio que tuvo que pagar Jesús para rescatarnos.

¿Cómo desarrollamos una aceptación verdadera? Revistiéndonos de la aceptación de Cristo cuando vemos el inmenso precio que Dios pagó al enviar a su Hijo para que nos rescatara. Continúa Efesios 1.7–8: «En él [en Cristo] tenemos la redención mediante su sangre, el perdón de nuestros pecados, conforme a las riquezas de la gracia que Dios nos dio en abundancia con toda sabiduría y entendimiento».

El evangelio no es simplemente un tema para las iglesias. No es solamente un buen sermón. Nos dice a todos los seres humanos lo que necesitamos conocer en los lugares más recónditos de nuestra alma: que, para Dios, tenemos un valor enorme. Ante la posibilidad de una vida sin nosotros, tomó la decisión de permitir que su Hijo muriera por nosotros. Así es como nos recuperó y nos rescató.

Dios pagó un enorme precio por ti.

En nuestro país se habla mucho del valor neto de las personas. Tenemos una lista de las quinientas personas más ricas del mundo, y otra de las quinientas personas más ricas de Estados Unidos. Así podemos saber quién ha llegado a la cima, y cuántos miles de millones tiene.

Podemos descubrir su valor neto: la suma de todo el dinero y bienes que tienen en este mundo.

Ahora bien, si eres joven, puede que no te sientas parte de la conversación de los valores netos. Esta mañana fuiste al cajero automático, y sabes exactamente cuál es tu valor neto. $88.71. Eso es lo que el cajero automático te dijo, y te emocionaste, porque necesitabas cincuenta dólares y los tenías, y con cambio de sobra. Yo también lo he vivido.

Pero si eres de más edad, tu situación financiera se ha convertido en un foco de atención. A medida que maduramos, enfrentamos preguntas acerca de cuánto tenemos en el banco, del valor de nuestra casa, si es que tenemos una, cuánto hay en nuestro fondo de jubilación y cómo van nuestras inversiones.

Pero sea uno rico o pobre, nuestro valor neto no se expresa en dólares y centavos o en base a nuestras posesiones.

Nuestro verdadero valor neto es Jesucristo.

Nuestro valor neto es Aquel cuya vida fue entregada por nosotros.

Alaba a Dios por esto, porque cualquier día se puede presentar otra crisis económica mundial. Un par de naciones podrían comenzar una guerra mañana mismo, y nuestro valor neto podría reducirse a la mitad. ¿Quién quiere vivir la vida apoyándose sobre algo tan incierto? Nuestro valor no consiste de lo que logremos, aunque siempre tratamos de hacer nuestro mejor esfuerzo. Nuestro valor neto se halla anclado para siempre en el hecho de que Jesús fue entregado por nosotros.

Parece simplista, lo sé. Sin embargo, es poderoso atravesar el día estando conscientes de nuestro verdadero valor.

Tú vales lo que Jesús para Dios.

4. Vivir de la aceptación, no para la aceptación.

Nuestro gigante del rechazo no se va a derrumbar mientras nosotros no admitamos que necesitamos aceptación desesperadamente. Si eres demasiado orgulloso para reconocerlo, es probable que haya algunos demonios de tu pasado todavía rondando en la oscuridad. Fuimos hechos para que nuestro Padre celestial nos aceptara y abrazara. Fuimos hechos para ser amados... gratuitamente.

La buena noticia en todo esto es que, en Cristo tenemos todo lo que anhelamos. Todo lo que necesitamos. No nos estamos esforzando para ganar su aceptación. Ya la tenemos.

Vivimos de su aceptación, no de la aceptación de los demás. Claro que queremos que la gente nos quiera y que le agrademos. Y queremos amar de tal manera que podamos recibir el «Bien hecho» del cielo. Pero vivimos sabiendo que somos plenamente amados y aceptados por Él.

Inmediatamente antes de que comenzaran los Juegos Olímpicos del 2016, tuve la oportunidad de dirigir un estudio bíblico para algunos de los nadadores del equipo de Estados Unidos. Estaban entrenando en Atlanta, y me pidieron que me reuniera con ellos en una sala de un hotel en el centro de la ciudad. Solo tendría unos pocos minutos para hablarles, porque tenían una agenda extremadamente apretada. Algunos de los nadadores aún tenían que realizar una sesión nocturna de entrenamiento antes de volar a Río la mañana siguiente.

Un nadador que había estado en una de nuestras Conferencias «Passion» me había invitado. No estaba totalmente seguro quiénes eran los demás atletas que se encontraban en la sala. Después supe que había algunos atletas ganadores de varias medallas de oro y algunos nadadores aspirantes que iban rumbo a las Olimpíadas por vez primera. En la mañana antes de la reunión, yo le pregunté a Jesús qué quería Él que les compartiera. Sentí que el Espíritu dirigía mi corazón hacia el Evangelio de Mateo, capítulo 3. *Eso es,* pensé. Estaba ansioso por llegar al estudio bíblico.

En ese texto, Jesús tenía treinta años de edad y estaba listo para cumplir la misión que lo había traído a la tierra. Aquel día, había sido bautizado en el río Jordán para darnos un ejemplo a seguir. Pero entonces, sucedió algo poderoso. «Tan pronto como Jesús fue bautizado, subió del agua. En ese momento se abrió el cielo, y él vio al Espíritu de Dios bajar como una paloma y posarse sobre él. Y una voz del cielo decía: "Este es mi Hijo amado; estoy muy complacido con él"» (vv. 16–17).

¡Qué detalle tan asombroso!

Jesús estaba iniciando su ministerio público, pero su Padre dijo que *ya* lo amaba. Aún no había predicado ningún mensaje, sanado a nadie, caminado sobre las aguas ni muerto en una cruz, y, sin embargo, su Padre ya estaba muy complacido con Él. Dios derramó en abundancia su aceptación sobre su Hijo *antes* de que hiciera nada.

Yo estaba en medio de un círculo de ganadores. Estos atletas se habían sacrificado toda su vida para competir y ganar. Pero ganar no nos garantiza que el gigante del rechazo no nos tenga la bota al cuello.

Yo les dije: «No sé exactamente qué han sido entrenados a pensar cuando están sobre el bloque, listos para la señal que inicia su carrera. Piensen lo que les hayan enseñado sus entrenadores». Le eché una mirada al jefe de los entrenadores, quien sonrió y asintió. «Pero si pueden, tomen medio segundo para mirar al bloque e imagínense que tiene escrita la palabra *aceptado*, junto con su nombre. Escuchen a su Padre celestial decir a oídos de todos: "Este es mío". Imaginen que Él les susurra al oído: "Te amo, te amo de verdad. Ya estoy muy complacido contigo"».

«Y después», añadí, «¡naden como locos! No porque la aceptación los esté esperando al final de la competencia, sino porque ya la tienen».

Busca a Aquel que te está buscando a ti

Me encanta el salmo 8, otro de los salmos de David. Aunque los eruditos debaten sobre el momento en que fue escrito, hay quienes creen que David lo compuso antes de pelear con Goliat, cuando era un joven pastorcillo. Habla de «la alabanza de los niños» (v. 2). También habla de «todas las ovejas y bueyes» y de «todos los animales del campo» (v. 7), todas las cosas que le habrían sido familiares a David cuando era joven.

Imagínate a David en el campo en la noche, cuidando a su rebaño a la luz de las estrellas. Él escribió: «Cuando contemplo tus cielos, obra de tus dedos, la luna y las estrellas que allí fijaste, me pregunto: "¿Qué es el hombre, para que en él pienses? ¿Qué es el ser humano, para que lo tomes en cuenta?"» (vv. 3–4).

Esta es la gran pregunta de todos los tiempos, ¿verdad? La podría haber hecho David, el adolescente. Y la podría haber hecho David, el anciano rey. No estamos seguros. Pero sí sabemos que el salmista está preguntando si los seres humanos importamos. ¿Por qué habría Dios de pensar en nosotros?

La respuesta es sutil. David está contemplando la inmensidad de la creación de Dios, y, sin embargo, sabe que él tiene una relación con Aquel que hizo al sol, la luna, las estrellas y los cielos. Se siente anonadado por la respuesta indirecta de Dios.

Todo esto y, sin embargo, le importamos a Dios.

Todo esto y, sin embargo, el Dios del universo conoce nuestros nombres.

Todo esto y, sin embargo, Dios nos ha escogido. Nos ha hecho ser sus hijos e hijas. Nos ama. Nos estima.

El salmo entonces dice que Dios ha coronado a la humanidad «de gloria y de honra» (v. 5). Parece una locura pensar que el Dios del cielo nos conoce. El Creador del universo sabe quiénes somos. Nos ha buscado. Está enamorado de nosotros. Piensa en lo asombroso que es todo esto. Casi nos desmayamos cuando recibimos treinta «likes» en algo que subimos a nuestras redes sociales. ¡Y pensar que el Dios del universo nos tiene en cuenta!

David termina el salmo 8 con estas palabras: «Oh Señor, soberano nuestro, ¡qué imponente es tu nombre en toda la tierra!» (v. 9). ¿Sabes por qué terminó el salmo de esta manera? Porque es la adoración a Dios la que acaba con los gigantes. El rechazo y la adoración no pueden coexistir en el mismo lugar. Se desplazan mutuamente.

David no se envanecía por el hecho de que Dios conociera su nombre. Enfocó su atención en Dios mismo. Es como si dijera: «Sé que soy amado, oh Dios, ¡pero lo que es realmente asombroso es lo majestuoso que tú eres!».

Por eso caen nuestros gigantes. Nuestra libertad y la gloria de Dios siempre se entrelazan en una sola historia. Nuestros gigantes se derrumban para que nosotros quedemos libres, sí, pero se derrumban principalmente para que Dios reciba la gloria.

Descubramos de nuevo el milagro de nuestra creación.

Celebremos el misterio de que Dios nos haya escogido.

Enfoquemos nuestro corazón en el inmenso precio que se pagó para rescatarnos, y volvamos el corazón hacia Aquel que nos persigue.

Pero ¿qué de esos gigantes que se ven inofensivos?

CAPÍTULO 5

La comodidad debe caer

—

¿Te has sentido tentado alguna vez a posponer un compromiso?

Hace tiempo hubo una temporada en la cual Shelley y yo necesitamos dar un paso incómodo en nuestra economía. Habíamos acudido a una reunión en aquel mismo año, y el tema de la conferencia era involucrarnos en la obra e iniciativa global de Dios. Yo era uno de los oradores de la conferencia, de manera que mi papel era alinear mi charla con este tema central y animar a las personas a participar en lo que Dios estaba haciendo por medio de donaciones generosas. Personalmente nos agradó esto, porque cada vez que uno se reúne con un grupo de gente hablando y orando acerca de la generosidad y de la iniciativa del reino de Dios, te sientes inspirado a ser generoso hacia la iniciativa divina del reino.

Eso fue lo que nos sucedió a Shelley y a mí. También nos quisimos unir a esa obra. Cuando la conferencia estaba llegando a su fin, Shelley y yo estábamos platicando y yo le dije: «¿Estás sintiendo algo? Yo creo que Dios está tocando mi corazón». Y Shelley me respondió: «Eso mismo te iba a preguntar yo, porque Dios también está tocando mi corazón». Entonces le dije: «Yo tengo una cifra concreta en mente, y creo que es lo que deberíamos dar». Y su respuesta fue: «Yo también». Yo le dije mi cantidad, y ella me dijo la suya, y ambas coincidían, de manera que llegamos a una conclusión: «Sí, eso es lo que vamos a dar».

Así que llenamos el formulario de promesa. Queríamos dar tanto como pudiéramos; escribimos en aquella hoja la cantidad concreta que nos comprometíamos a dar, y la entregamos. Era una cantidad considerable para nosotros.

Las cosas se nos pusieron interesantes cuando, poco tiempo después de haber regresado a casa al terminar la conferencia, recibimos una carta en el correo que nos animaba a cumplir de un solo golpe todo lo que habíamos prometido. Yo me sorprendí. Había pensado que podríamos ir dando la cantidad que habíamos prometido a lo largo de dos años. La mitad este año. La mitad al año siguiente. Pero era evidente que había oído mal, porque los organizadores de la conferencia nos estaban pidiendo que cumpliéramos nuestra promesa en su totalidad inmediatamente. Eso iba a ser mucho más difícil para nosotros. Me quedé mirando la carta y empecé a procesar nuestras opciones.

Seguíamos comprometidos con el propósito del reino que queríamos apoyar; ese no era el problema. Darle a Dios es un acto de adoración, y nosotros así lo sentíamos. Le estábamos dando gracias al Señor por permitirnos participar en sus planes. También estábamos agradecidos que no estábamos nadando en deudas, y que teníamos algunos recursos disponibles que podíamos invertir. Nos alegraba que los organizadores de la conferencia nos invitaran a formar parte del equipo, y nos emocionaba ver lo que Dios estaba haciendo en el mundo entero.

Sin embargo, la cantidad de dinero que necesitábamos dar de un solo golpe... eso era lo que nos incomodaba. Necesitábamos hacer cuentas y ver en términos reales cómo lo podríamos lograr.

¿Sabes cómo tu gozo se puede desvanecer con el tiempo? Habían pasado un par de semanas, y yo no había enviado nuestra promesa de inmediato. Me seguía preguntando si Shelley y yo podríamos dar toda esa cantidad o no. Yo discutía conmigo mismo. Tal vez no había estado pensando con claridad en la conferencia; tal vez nos habíamos dejado llevar por la emoción de todo aquello. Al fin y al cabo, tal vez no fue Dios el que nos habló. Tal vez podríamos reducir la cantidad de nuestra ofrenda. Seguramente Dios comprendería que yo no había entendido bien la fecha de pago, ¿verdad?

Saqué mi calculadora y comencé a sumar el dinero del que disponíamos, tratando de calcular una docena de formas distintas de hacer que las cosas funcionaran. ¿Has hecho eso alguna vez? Uno trata de suavizar el daño con las variables flotantes. Algo así como: «Bien, si damos esto aquí, entonces podremos hacer aquello, y si esto sucede, entonces aquello va a suceder, y si se mueve este número, entonces aquel número se va a mover». ¿Soy yo el único que hace esto?

Cuando estaba en medio de toda aquella planificación y agitación e inquietud y preocupación, me detuve. Me paré absolutamente en seco. Porque dentro de aquel proceso frenético, escuché el delicado susurro de Dios, y la palabra que Dios me estaba poniendo en el corazón fue esta:

> *Cumple lo que yo te indiqué que hicieras, y hazlo ahora.*
>
> *Deja ya esas sumas.*
>
> *Deja de preocuparte.*
>
> *Deja de preguntarte cuántas cosas necesitas tener antes de realmente dar el paso y obedecerme.*
>
> *Yo soy Dios, y nunca te he fallado.*
>
> *Cada vez que te he guiado en una decisión financiera en la que has necesitado confiar en mí, siempre has terminado diciendo: «Gracias, Dios mío, porque nos has guiado a hacer esto».*
>
> *Nunca ha habido un momento en tu vida, ni casado, ni soltero, en el que me hayas dado algo y después hayas dicho: «Lamentamos haberle dado a Dios lo que le dimos».*

Le hablé a Shelley y ambos estuvimos de acuerdo: «No esperemos. Demos toda esa cantidad ahora mismo. Demos un paso de fe y creamos que Dios es grande. No hagamos los cálculos primero, porque con los cálculos no lograremos nada. Dejemos que Dios haga la obra en nuestra vida, y que su historia se convierta en nuestra historia».

Así que giramos el cheque por la cantidad entera y lo enviamos. Dios no nos estaba llamando a la comodidad. Nos estaba llamando a ser fieles.

Pero, aun así, la lucha es real.

(Siento que necesito una aclaración aquí, para animarte a entender que este capítulo no se refiere a quién da, de qué manera y en qué momento. Tú debes hacer lo que Dios te guíe a hacer en lo que se refiere a dádivas financieras, y si no estás seguro, pídele ayuda a gente sabia que tengas en tu vida).

El punto principal es que la mayoría de nosotros queremos estar cómodos, seguros, protegidos. Y, sin embargo, la comodidad y la obediencia a menudo chocan entre sí.

Fuera del nido

Estuve a punto de ponerle a este capítulo el título de «La auto-complacencia debe caer», porque entiendo lo difícil que puede ser pensar en la comodidad como un gigante, algo que se burla de nosotros y que daña nuestras vidas. Digo, por lo general, la comodidad es algo bueno, ¿no? Nos gusta darle a nuestra familia un ambiente seguro. Al final del día nos gusta ponernos cómodos, sin zapatos, y ver un programa divertido en la televisión. Nos gusta descansar un rato en el patio, en una hamaca. Nos gusta saber cuánto dinero tenemos en el banco, y sentirnos económicamente seguros. Nos gusta que las cosas de nuestra vida estén en orden, no caóticas. Nos gusta que las cosas marchen bien, tal como las hemos planificado. ¿No es eso comodidad? Por supuesto.

Y ninguna de esas cosas es mortal por sí misma.

El problema surge cuando el afán de seguridad se convierte en el tema dominante en nuestra vida. Cuando una mentalidad de relajación suplanta nuestra atención al llamado de Dios sobre nuestra vida.

Jesús se tomaba tiempos de descanso, pero Él no había venido a la tierra a relajarse. Él vino con una misión específica, y también nos dejó una a nosotros.

Por eso la comodidad es tal vez el gigante más aterrador de todos. Es muy sutil en sus engaños. Es el gigante que causa que nos perdamos lo mejor, porque nos hemos conformado con algo bueno. En la superficie, todo se ve bien. ¿Qué tiene de malo que tengamos un buen trabajo? ¿Una buena familia? ¿Una rutina en la vida?

El problema es que podemos olvidar que en el gran esquema de las cosas (es decir, en la eternidad), solo tenemos como cinco segundos en la tierra para hacer que nuestra vida cuente. *Realmente* cuente.

Aquí tienes unas cuantas formas concretas en las cuales la comodidad se puede convertir en algo dañino:

- *Si nos perdemos una gran oportunidad porque escogemos una ruta más segura; más fácil.*
- *Si una cosa buena en realidad resulta ser dañina o contraproducente con el tiempo, porque nos adormece para que tengamos una falsa sensación de seguridad.*
- *Si escogemos lo bueno, pero nos perdemos lo de Dios.*
- *Si aceptamos la idea de que trabajaremos duro durante una cierta temporada de la vida, y después podremos hacer lo que queramos con el resto de ella.*
- *Si llegamos a pensar que «esta vida es mía» para hacer lo que a mí me plazca.*
- *Si mi primer consideración a la hora de decidir qué hacer es «lo que me haga feliz».*

- *Si busco la comodidad por encima de todo lo demás, incluso de nuestro deseo de estar disponible para los planes de Dios.*
- *Si nos acostumbramos cada vez más a nuestro pecado, en lugar de enfrentarnos a él y eliminarlo de nuestra vida.*

Ese es el peligro de la comodidad. Por eso la comodidad puede ser un gigante tan mortífero. Yo sé como las personas pueden batallar con una gran cantidad de cosas francamente horribles, pero algunas veces no son las cosas horribles las que nos matan. No somos adictos a la heroína. No vamos a ir a prisión por evasión de impuestos. Al contrario; somos personas honradas. Y honorables.

Sin embargo, nos hemos conformado con la comodidad, y la comodidad acaba por matarnos. Nuestra vida abundante en la tierra y nuestra recompensa eterna en el cielo no nos las roban las cosas «malas». Nuestra oportunidad de tener una vida llena de sentido y una eternidad feliz nos la roba la comodidad.

Cada año, en el portal lateral de nuestra casa, donde Shelley y yo vivimos un tiempo, había aves que construían sus nidos. A veces era una molestia, pero por lo general era algo bueno. Hace algunas primaveras, unas aves construyeron allí el nido más grande que yo he visto en toda mi vida. Tenía el tamaño de una pelota de baloncesto. Me pregunté por un tiempo si no sería un puñado de ardillas viviendo allá arriba, pero no, eran aves. Nos encantaba observar mientras esas aves trabajaban. Claro que la construcción de su nido tuvo algo de lodo y desorden. Pero yo tengo un inmenso respeto por las aves; las madres en particular. Construyen el nido. Se sientan sobre los huevos. Incuban a los pajarillos. Se pasan todo el día volando de aquí para allá, recogiendo gusanos e insectos para que sus críos coman. A mí me robaron la tercera parte de una paca de paja de pino para construir sus nidos. Pero todo aquello estaba bien. Aquellas aves madres son las grandes trabajadoras y cuidadoras del mundo de las aves.

Sin embargo, hubo algo que interrumpió sus movimientos aquel año. ¿Sabes qué fue?

London, nuestro nuevo perro.

London es un perro de gran tamaño, y los perros regularmente necesitan hacer cosas en el patio. En nuestro caso, en el patio lateral situado junto a la puerta cerca de la cual las aves construían sus nidos. Ahora el sereno hábitat de las aves se había convertido en el camino transitado a diario por nuestro Goldendoodle. De manera que, cada vez que London salía al patio, todas las aves se agitaban.

Vimos esta agitación particularmente en el tiempo en que los críos necesitaban aprender a volar. Era el momento para que aquellos polluelos saltaran del nido, pero debajo estaba nuestro gran perro, y eso causaba un estrés considerable en la vida de esas aves. Seguramente estarían pensando: *Espera un momento. Esto no es lo que nosotras teníamos planificado. Nosotras tenemos nuestro territorio y ustedes tienen el suyo. Saquen a ese perro de aquí.*

Y aún entonces, con el perro debajo de ellos, la madre les decía finalmente a sus bebés: «Ya es hora». Y aquellos pajarillos salían del nido. La mamá les estaba diciendo: «Ustedes pueden volar. Están listos para avanzar. Salgan». Y ellos salían. Como era de esperar, en algún punto entre el nido y el suelo, aquellos pequeños descifraban como funcionaban sus alas. Comenzaban

La fe prospera en una santa *incomodidad*.

a aletear como locos y se elevaban hacia el cielo; era como si estuvieran diciendo: «¡Oigan, esto es estupendo! Qué bueno que no nos quedamos en el nido».

Esa es una imagen de nuestra vida en Cristo. El nido es algo bueno durante un tiempo. Es un lugar seguro, cómodo y protegido, y se nos atiende en todas nuestras necesidades como bebés espirituales. Pero si no tenemos cuidado, el gigante de la comodidad nos tienta a seguir metidos en el nido para siempre. Tal vez nos preocupe dejar el nido. Vemos un gran perro abajo. No estamos seguros si podemos volar o no. Pero quedarnos en el nido nunca será nuestra meta final. La comodidad y la familiaridad no son a donde Dios nos dirige. Jesús no se va a dedicar a volar de un lado para otro para traernos comida espiritual de bebés el resto de nuestras vidas.

El llamado de la fe nos empuja a saltar del nido. Jesús nos dice: «Oye, no te hice para que vivas en el nido para siempre. Te hice para vivir afuera, en un mundo destrozado, donde hay conflictos y riesgos». El evangelio de Jesús nos empuja a salir del nido y nos dice: «Ya estás listo para volar. Allá vas». En algún momento entre el nido y el suelo, nos damos cuenta de que nuestras alas funcionan. Vemos que Cristo vino a este mundo para enviarnos al mundo. Vemos como nos llena de su Espíritu Santo, y que podemos caminar donde Jesús caminó, y ser sus manos y sus pies, y decimos: «Volar es algo maravilloso. Es muchísimo mejor que quedarnos en el nido».

Jesús contó en una ocasión la historia de un hombre que había tenido éxito. Sus cosechas habían sido abundantes, y se dijo a sí mismo: «Me voy a construir un granero más grande para que quepan mis grandes cosechas. Y entonces voy a tener mucho, y me durará por largo tiempo, de manera que me tomaré la vida con más calma. Voy a poder comer lo que quiera, beber un poco y pasarla bien».

Pero Dios le dijo a aquel hombre exitoso: «Eres un tonto».

¡Yo no sé mucho, pero sí sé que no quieres que Dios te llame un tonto!

Dios le dijo: «Este va a ser tu último día en la tierra, y tu alma va a comparecer ante Dios. Aún más, ni siquiera vas a saber quién se quedará con todas estas cosas».

Ten por seguro que Dios es un Dios generoso. No es tacaño. No necesita nuestras cosas.

Lo que Dios quiere es ayudarnos a ver que tenemos una batalla que pelear, una carrera que correr, algo de importancia eterna por lo cual luchar. Nos está llamando a propósitos más elevados, pero sabe lo fácil que es para nosotros conformarnos con una buena comida, relajarnos con una buena bebida y olvidarnos de lo breve que es nuestra vida sobre la tierra.

Me refiero a la influencia que Dios nos quiere dar. Me refiero a oportunidades. Me refiero a caminar por sendas de rectitud por amor de su nombre. Me refiero a dar un paso en obediencia. Me refiero a oración y acción. Si nuestro corazón está abierto en fe, entonces Dios estará abierto con nosotros. Si corremos el riesgo de ir a donde Dios nos invita, entonces su conducto será profundo y ancho. En fe, somos invitados a entrar a la historia de un Dios generoso. En fe, somos llamados a reunirnos en torno al grito de guerra de que Cristo ha venido y la batalla ya ha sido ganada.

Las burlas se acaban hoy mismo

———

En 1 Samuel 17, vemos cómo la comodidad estorbó al pueblo de Israel y los tres hermanos mayores de David en el campamento de su ejército. Todos los días, repetían su grito de guerra. Se vestían, salían y se presentaban en la línea del frente de batalla. Tenían a Dios de su lado y creían que Él es el único Dios verdadero. Pero durante cuarenta días, la comodidad impidió que se movieran. El atractivo de la vida fácil impedía que se lanzaran hacia delante. El gigante era el que dominaba la situación. Era el que dictaba lo que pasaba en sus vidas. Goliat salía cada mañana y cada tarde, se sacudía, hacía un estruendo y rugía, y todos los israelitas decían: «¡Nooo! Hoy no. Demasiado peligroso. Demasiado incómodo. Vámonos a almorzar. Quedémonos en las tiendas de campaña, que ahí estaremos seguros. Si se nos acaban los víveres, alguien llegará con más. Tal vez iremos a la batalla mañana».

Nosotros también podemos actuar de la misma manera. Tenemos nuestras iglesias y nuestros gritos de guerra, y un campamento entero de nuestra gente pasando el tiempo en nuestra comodidad. Pero el gigante se está burlando de nosotros. No estamos permitiendo que la victoria de Cristo se produzca en nuestras vidas de la forma más completa, porque no estamos dispuestos a alejarnos de nuestra sensación de control, de nuestra abundancia, o de nuestro sentido de comodidad material. No queremos aceptar un reto y salir con Dios a lo que nos esté llamando a hacer. Soltamos nuestros gritos de guerra, pero seguimos temblando bajo la sombra de nuestros gigantes.

Lo que tendemos a pasar por alto en la historia de David y Goliat es que el hermano pequeño llegó y en un día hizo lo que sus tres hermanos mayores y todo el ejército de Israel no fueron capaces de hacer durante mes y medio. Cada día habían titubeado. Todos los días su comodidad hacía que no se movieran. Todos los días el gigante seguía llegando y llegando y llegando. Entonces se presentó David y dijo: «Esto es una locura. Esto termina hoy mismo. Lo que no ha sucedido en los últimos cuarenta días va a suceder en los próximos cuarenta minutos».

Me hace preguntarme qué quiere Dios hacer ahora mismo, en este instante, en nuestras vidas. Quizás hemos estado titubeando. Hemos estado esperando por un largo tiempo que todas las piezas se alineen antes de movernos. Queremos que todo esté en su lugar antes de que algún cambio favorable suceda. En vez de eso, lo que necesitamos es escuchar a Dios. Él nos está diciendo: *Yo soy el Dios que puede traer salvación hoy. Tu gigante va a caer. En fe, tú puedes salir de tu comodidad para ir donde yo te indique que vayas.* Te aseguro que al principio no todo se nos va a alinear. Tampoco se te va a revelar todo el camino que tienes por delante. La nueva dirección a la que Dios nos llama a caminar no te va a parecer ni familiar ni cómoda al principio. Y, sin embargo, Dios dice: *Por mi mano, y por la fortaleza y poder de Dios, esta victoria se va a producir.*

¿Sabes? Lo que importa no es que esperemos hasta sentirnos fuertes. No necesitamos aprender a volar antes de saltar del nido. Lo que importa es que comprendamos que nos movemos en la fortaleza de Dios. Tan pronto como captemos esto, estaremos listos para entrar en la batalla. Claro, cuando lo hagamos, nos podríamos ver en una posición incómoda. Pero también estaremos en el lugar donde podemos ver la salvación de Dios.

¿Qué aspecto tiene esto? ¿Cómo nos podemos asegurar de no perder la oportunidad que nos brinda Dios por quedarnos en nuestra comodidad y autocomplacencia? Aquí hay cuatro verdades que recordar.

1. Recordamos que la fe prospera en la incomodidad.

Yo prediqué este mensaje en nuestra iglesia, y cuando llegué a este primer punto, era un silencio total en la casa. Fue uno de esos momentos en que todos dejan de respirar. La fe va mano a mano con la incomodidad. *Vaya, Louie, fantástico. Eso es exactamente lo que todo el mundo quiere oír.*

Pero mira, no dejes que yo me ponga entre tu persona y la Palabra de Dios. Lee todo el capítulo de Hebreos 11, el capítulo que es el «salón de la fama» de la fe en la Biblia, y verás lo que te quiero decir. «Ahora bien, la fe es la garantía de lo que se espera, la certeza de lo que no se ve» (v. 1). Esto muy raras veces es cómodo.

De hecho, el evangelio tiene sus raíces en un punto de incomodidad: la incomodidad de Cristo. La cruz le produjo dolor a Jesús a la vez que nos traía libertad a nosotros. Vivimos gracias a la incomodidad sufrida por Cristo. Podemos vivir a plenitud, gracias a esa tosca cruz. Cristo soportó lo incómodo para que nosotros nos pudiéramos convertir en hijos e hijas de Dios. Esa es nuestra historia. La gente pregunta: «¿Qué significa ser cristiano?». Significa poner nuestra fe en la obra de Jesús. ¿Cuál es la obra de Jesús? Que Él vino a la tierra. Vivió aquí.

Fue crucificado. Resucitó. Ascendió al cielo. Envió al Espíritu de Dios, y ahora vive dentro de nosotros. Este es el evangelio. Esto es lo que creemos y todo gira alrededor de un momento sumamente incómodo.

Si como miembros del pueblo de Dios nos descuidamos, podemos entonar cánticos acerca del incómodo momento de Jesús, al mismo tiempo que vivimos en un momento muy cómodo para nosotros. Gracias, Jesús; tú cargaste con todo. Pero se nos olvida lo que realmente significa identificarnos con Cristo. La Biblia nos dice que, como seguidores de Cristo, nos identificamos con su crucifixión tanto como nos identificamos con su resurrección. Pablo escribió en Gálatas 2.20: «He sido crucificado con Cristo, y ya no vivo yo, sino que Cristo vive en mí. Lo que ahora vivo en el cuerpo, lo vivo por la fe en el Hijo de Dios, quien me amó y dio su vida por mí». Eso significa que nuestros planes y sueños se fusionan con los de Cristo cuando recordamos que tanto la muerte como la vida forman parte de la obra de Cristo. Romanos 6.8 dice: «Ahora bien, si hemos muerto con Cristo, confiamos que también viviremos con él». Ese es nuestro llamado. Morir con Cristo y también vivir con Él.

¿Puedes nombrar algo en la vida de fe que sea totalmente cómodo? ¿Resistir el pecado? No, no es cómodo. ¿Ser transformados a la imagen de Cristo? No, tampoco es cómodo. ¿Unirnos con Cristo en su misión? No. Maravilloso sí, pero no siempre es cómodo. Por eso Pablo dice en 2 Corintios 12.10: «Por eso me regocijo en debilidades, insultos, privaciones, persecuciones y dificultades que sufro por Cristo; porque, cuando soy débil, entonces soy fuerte».

La fe prospera en medio de una santa incomodidad. Los momentos más grandiosos de la vida muchas veces se pueden producir como consecuencia de algunas de las decisiones más incómodas que hayamos tomado. Nada que valga la pena viene sin que paguemos un precio.

Pocos meses después del fallecimiento de mi padre en 1995, Shelley y yo nos hallábamos sumergidos en una neblina de incomodidad. Habíamos dejado atrás un ministerio floreciente en Texas para ayudar a mi mamá en el cuidado de mi padre en Atlanta. Pero justo antes de mudarnos, un ataque al corazón nos lo arrebató. Estábamos confundidos, llorando su muerte, entre dos ciudades, y sin trabajo. La razón por la que nos íbamos a mudar había desaparecido, dejándonos en tierra de nadie.

Nada cómodo.

Pero en ese suelo arado se sembró una semilla; una semilla que hemos visto crecer y prosperar en todo lo que es Passion. Dios nos necesitaba con las manos abiertas, flexibles y disponibles, para que la fe hiciera nacer algo nuevo y audaz y hermoso.

2. Recordamos que el propósito de nuestras vidas es la fama de Jesús.

¿Cómo nos podremos asegurar de no perder la oportunidad de Dios por reclinarnos en nuestra comodidad y autocomplacencia? Recordamos que el propósito de nuestras vidas es la fama de Jesús.

Si lo único que nos motiva a derribar a un gigante es nuestra libertad, entonces no tendremos toda la motivación que se necesita. La gloria de Dios también es la motivación para caminar en victoria sobre los gigantes que hay en nuestra vida. Nuestra libertad y la gloria de Dios están eternamente entrelazadas, y si nos olvidamos de la gloria de Dios, entonces no estaremos dispuestos a pagar el precio por los pasos que Dios nos indique que demos. Cuando vemos la gloria de Dios, comprenderemos que no hay precio demasiado grande a pagar para dar a conocer su nombre en nuestra vida.

El ejército de Israel se sentía satisfecho en su comodidad. Ellos tenían víveres. Tenían tiendas de campaña. Tenían un grito de guerra. Tenían armadura. Tenían hermanos menores que los volvían a surtir de víveres.

Pero no se movían.

David se presentó y dijo: «Oye, Goliat, estás insultando a mi Dios. Eso tiene que parar ahora mismo. Y va a parar porque estás deshonrando a mi Dios. Ese es el Dios que yo adoro, el Dios con el que tengo comunión, el Dios que me ama, el Dios con el que he andado por años en los campos. Y tú le estás quitando la gloria al nombre del único Dios verdadero entre todos los dioses. Eso tiene que parar ahora mismo».

Filipenses 2 es un pasaje maravilloso. Pablo habla de que él quiere que nosotros entreguemos la vida los unos por los otros. La razón de ser de la vida no es pensar en mí y en lo mío, sino en ti y en lo tuyo. No es tener mis cosas en orden, sino pensar en lo que puedo hacer para ayudarte a ti. Pablo nos describe esto en el versículo 5: «Tengan la misma actitud que tuvo Cristo Jesús» (NTV).

Jesús tenía todo el derecho y toda la naturaleza y esencia de Dios y, sin embargo, salió del cielo para venir a la tierra. Se humilló a sí mismo y se hizo hombre. Tomó la naturaleza de un sirviente. Obedeció a Dios Padre y fue a la cruz. A causa de todo esto, la Biblia dice que Dios «lo exaltó hasta lo sumo y le otorgó el nombre que está sobre todo nombre, para que ante el nombre de Jesús se doble toda rodilla en el cielo y en la tierra y debajo de la tierra, y toda lengua confiese que Jesucristo es el Señor, para gloria de Dios Padre» (Filipenses 2.9–11).

¿Cuál fue la suprema razón por la cual Jesús hizo esto? ¿Por nuestro bienestar? No. Para la gloria de Dios. ¿Por qué se vació Jesús a sí mismo? ¿Porque nos amaba? No. Por encima de todo, fue para la gloria de Dios. Por supuesto que Dios nos ama. Por supuesto que Dios se interesa por nosotros. El amor de Jesús centra su resplandor en Dios. Y nuestra respuesta es vivir para su gloria.

3. Nos alineamos a Dios.

¿Cómo nos podemos asegurar de no perder la oportunidad de Dios al reclinarnos en nuestra comodidad y autocomplacencia? Nos alineamos con Dios.

Cualquiera se puede relajar y decidir que es más fácil seguir el mensaje del mundo. Un punto de vista. El ejemplo de la vida de otro. El estándar de otro en cuanto a las riquezas materiales. En última instancia, podemos justificar cualquier cosa. Pero la invitación a cada uno de nosotros no es que sigamos a nuestro vecino, o nuestro hermano en la fe. Es que sigamos a Cristo.

Una vida con propósito, significativa y duradera es el efecto secundario de caminar cerca del Padre, el Hijo y el Espíritu. Cuando Jesús era niño, preguntó: «¿No sabíais que en los negocios de mi Padre me es necesario estar?» (Lucas 2.49, RVR60). Cuando el Espíritu se derramó sobre los primeros seguidores de Jesús, en el libro de los Hechos, su poder los impulsó hacia el mundo, para proclamar la gracia y la bondad del evangelio a cualquier costo.

Dios no nos llama a evitar los peligros de un mundo perdido y agonizante. Lo que hace es enviarnos a él con la espada del Espíritu en las manos. Y nos dice: «Debemos llevar a cabo cuanto antes las tareas que nos encargó el que nos envió. Pronto viene la noche cuando nadie puede trabajar» (Juan 9.4 NTV).

Mi amigo Andy Stanley nos recuerda que no llegamos a donde esperamos llegar. Nuestra vida llegará a donde nuestro camino se dirige ahora mismo. Por eso, tenemos que ser diligentes en cuanto a las personas o las cosas con las cuales nos alineamos. Porque todo aquello (o todos aquellos) con lo que nos atamos va a determinar a dónde llegaremos dentro de meses y años.

¿Con quién estás entrelazando tu vida? ¿Quién te ayuda a decidir qué gastas, a dónde vas, qué miras, qué tiene la prioridad en tu lista de pendientes?

Caminar con Cristo es imitarlo. E imitar a Cristo es vivir con propósito máximo.

4. Recordamos que la vida es corta.

¿Cómo podemos asegurarnos de no perder la oportunidad de Dios por reclinarnos en nuestra comodidad y autocomplacencia? Recordamos que la vida es corta. Esta es una declaración de misión que todos debemos imprimir en nuestro corazón y vida. «La vida es corta». Es algo que olvidamos con mucha facilidad. Pero es tan importante.

Cuando los tres hermanos mayores de David, y el resto del ejército de Israel, llegaron al final de sus días, yo creo que compartían un gran remordimiento. Habían desperdiciado cuarenta días sentados en la ladera de aquella colina. Cuarenta días que nunca recuperarían. Oye, la vida es corta, y qué desperdicio pasar cuarenta días bajo la influencia de un gigante burlón. Ellos tenían consigo el poder de Dios. Si lo hubieran querido, se habrían podido lanzar. Pero no lo hicieron. Escogieron la comodidad en lugar de la incomodidad. Prefirieron desperdiciar sus días, en lugar de reclamar sus días.

¿Cuál es el peligro para nosotros? El peligro de que hagamos lo mismo. Que desperdiciemos nuestros días pensando: *Tengo tiempo. Obedeceré a Dios en la próxima etapa de mi vida. Obedeceré a Dios cuando tenga suficiente dinero en el banco. Obedeceré a Dios cuando mis hijos se hayan marchado del hogar. Obedeceré a Dios cuando tenga más edad. Obedeceré a Dios cuando ya me haya acabado de divertir. Obedeceré a Dios después de casarme. Obedeceré a Dios cuando mi matrimonio se vuelva más fácil. Obedeceré a Dios cuando parezca que es un momento más lógico para dar el siguiente paso.*

Pero Dios está irrumpiendo en nuestra historia hoy. Y nos dice: *La batalla ya está ganada. Quiero que salgas conmigo ahora mismo, hoy mismo. No esperes más. La vida es corta. No desperdicies tus días.*

Tal vez lleguemos a los ochenta y cinco o noventa años de edad, pero al final, todo es lo mismo. Dios nos da aliento. Y después, nuestros días habrán terminado. Un cerillo se enciende pronto. Y también se apaga pronto. *¡Puf!* Eso fue rápido. Si el enemigo nos puede mantener felices y cómodos, entonces logrará que desperdiciemos nuestros días. Pero nosotros no somos un pueblo cómodo. Somos un pueblo de fe.

Estemos claros en esto: la autocomplacencia no tiene que ver con lo que tengamos o no tengamos. Es cultivar y tolerar un corazón mal dirigido. La autocomplacencia brota de la raíz de nuestro *yo*, que nos dice que debemos proteger lo que tenemos, porque nos lo ganamos... y merecemos más. Esa clase de pensamiento es consecuencia de tener los ojos en el mundo equivocado, el pasajero en vez del venidero.

El recordatorio de parte de Dios es que nos unamos en torno a la cruz. No tenemos tiempo para desperdiciar nuestros días. Sí, descansamos en la obra de Jesús. Sí, su yugo es fácil y su carga ligera. Pero sí, trabajamos con todas nuestras fuerzas. Pablo dice en 1 Corintios 9.26: «Yo no corro como quien no tiene meta; no lucho como quien da golpes al aire». Vivimos en un planeta donde viven también miles de millones de personas que nunca han oído hablar de Jesús. Esa es la razón por la que nuestro tiempo es tan corto. Este mundo se está desbaratando, y nosotros tenemos la respuesta. Nosotros tenemos la esperanza. Nosotros tenemos la verdad. Nosotros tenemos la vida. Nosotros tenemos a Jesús.

Eso es lo que importa: dar a conocer a Jesús. La meta de nuestra fe no es establecernos en un trabajo cómodo y agradable, y una rutina fácil y agradable. Nuestra meta es decir: «Dios mío, estoy a tu disposición para todo lo que quieras que yo haga. Cuando me llames, daré un paso al frente y diré: "En el nombre del Señor Dios Todopoderoso, voy a entrar en la batalla". No en mis capacidades. No en mi poder. No en mis fuerzas. Sino en el nombre de Jesús. La vida es corta, y yo no tengo tiempo suficiente para tener un corazón autocomplacido».

La vida es corta. Dios es grande.

———

Tal vez este último punto te asustó un poco. «La vida es corta». Tal vez sientas que ya has desperdiciado demasiado tiempo. Has desperdiciado cuarenta días (y algunos más) en tu tienda de campaña, mientras tu gigante se burlaba de ti. Quieres recuperar esos días, pero no sabes cómo comenzar a hacerlo. Aquí, en estas palabras, encontramos gran aliento todos nosotros. Sí, la vida es corta. Pero *Dios es grande*. Nuestro Dios puede redimir toda situación. Él puede llevar un nuevo aliento de vida a todo corazón. Dios puede restaurar cuanta cosa haya sido perdida, destruida o robada. Él es capaz de hacer «muchísimo más que todo lo que podamos imaginarnos o pedir» (Efesios 3.20).

En realidad, la combinación de estas dos pequeñas frases se convierte en nuestra declaración de misión para vivir por fe. (1) *La vida es corta*. Y (2) *Dios es grande*. Repite esas dos pequeñas frases si necesitas hacerlo. Son inmensas en significado y en peso. Deja que penetren en tu mente y corazón. *La vida es corta. Dios es grande. La vida es corta. Dios es grande. La vida es corta. Dios es grande.* ¿Escuchas esa voz?

Es la voz del mata–gigantes.

Es la voz del hacedor de discípulos.

Es la voz del mártir que paga el precio supremo en nombre del evangelio.

Es la voz del que comienza un movimiento, que ve lo que puede llegar a ser y se arriesga.

Es la voz del fundador de iglesias que podría escoger una forma más cómoda de vivir.

Es la voz de aquellos que causan un impacto en la cultura en el nombre de Jesús.

Es la voz del guerrero de oración.

Es la voz del que lucha contra la injusticia que ha sido conmovido por la libertad de Cristo, y se siente impulsado a liberar a otros.

Es la voz del compasivo que vende lo que tiene para ayudar en sus necesidades a los menos afortunados.

Es la voz del maestro que les comunica a sus estudiantes todo lo que puede.

Es la voz de aquellos que son sal y luz en la industria de los espectáculos, incluso cuando no es la decisión mejor recompensada.

Es la voz del capellán que cuida de los moribundos con esperanza y dignidad, y con el evangelio.

Es la voz del psicólogo y del médico y del cirujano que reflejan a Cristo en todo lo que hacen.

Es la voz del consejero de recuperación que se niega a darse por vencido.

Es la voz del pastor de jóvenes y el pastor principal y el pastor asociado y el pastor central y el pastor maestro y el pastor de misiones y el pastor administrativo y el pastor de niños y el pastor de hombres y la pastora de mujeres que viven el bien, aman la verdad y se preocupan por las personas.

Es la voz del artista y del danzante que promueven algo y alguien mayor que ellos mismos.

Es la voz del líder en el mundo de los negocios que se niega a quedarse con todas las ganancias.

Es la voz del obrero que realiza su trabajo como un acto de adoración.

Es la voz del empleado encargado de la tecnología que vive por el Espíritu.

Es la voz de la madre y del padre que pastorean a sus hijos de tal forma que los inspira a dejar el nido.

Es la voz de la abuela y abuelo que dan un ejemplo piadoso de obediencia en cada etapa de su vida.

Es la voz del que le habla a su vecino acerca de las grandes cosas de la vida.

Es la voz de todo el que le abre la puerta a otros para que lleguen a Jesús.

Es la voz de aquellos que ahora mismo están en el frente de la batalla avanzando en medio de las tinieblas y diciendo: «Le vamos a llevar el evangelio de Jesús a la gente, cueste lo que cueste».

Esta es la naturaleza de lo que significa seguir a Jesús.

Deja que estas dos pequeñas frases se muevan dentro de tu mente y tu corazón. *La vida es corta. Dios es grande. La vida es corta. Dios es grande. La vida es corta. Dios es grande.* ¿Escuchas esa voz? Yo le pido a Dios que la escuches. La comenzamos a escuchar cuando adoramos a Dios. Cuando respiramos adoración, sabemos y sentimos que la vida es corta y que Dios es grande. Nuestros corazones se vuelven audaces. Estamos listos para entrar en acción. La autocomplacencia nos lleva a la inactividad; en cambio, la adoración nos lleva a la acción. Pone una urgencia santa en nuestras vidas.

Tengo la profunda convicción que el mayor remordimiento que cualquiera de nosotros conoceremos será comparecer ante Jesús sabiendo que hemos vivido demasiado seguros, demasiado cómodos, con una vista demasiado corta. Darnos cuenta de que fuimos glotones de los placeres, cuando se suponía que fuéramos unos delgados guerreros dedicados a la libertad de los demás y a la fama de Jesús.

Imagínate cómo habrían sido las cosas si los tres hermanos mayores de David y el ejército de Israel hubieran sentido esa urgencia santa. No se habrían conformado con cuarenta días de comodidad y de burlas. Habrían estado haciendo planes y avanzando en el nombre de Dios. Me los puedo imaginar. Uno de los guerreros diría: «¿Saben qué? Este gigante tiene que caer hoy. No lo vamos a seguir escuchando ni un minuto más. Ya sé que es muy alto, pero tengo un plan. Voy a arremeter contra sus pies. Le voy a retorcer las uñas de los pies. Tan pronto como se caiga, lo voy a apuñalar por el cuello». Y otro diría: «Sí. Yo estaba pensando en una estrategia parecida. Sé que ese gigante intimida a cualquiera, pero nosotros lo podemos derrotar. Voy a tomar una lanza y se la voy a tirar para que le atraviese el ojo izquierdo. Cuando caiga al suelo, me voy a sentar sobre su cabeza para asfixiarlo. Ese gigante va a caer». Se negarían a desperdiciar cuarenta días más de su vida. Harían lo que Dios les había llamado a hacer en el campo de batalla.

Combatimos la autocomplacencia cuando le pedimos a Dios que nos ayude a ver lo que realmente está en juego. La fe nunca se trata de nosotros mismos y de nuestra vida. La fe se trata de beneficiar a personas que ni siquiera conocemos. No solo se trata de nuestra libertad, nuestra salvación, nuestro propósito en la vida, nuestro conectarnos con lo que Dios tiene para nosotros en la balanza, sino que se trata de que la vida y la libertad de otros seres humanos también están en juego. Dios tiene el plan para movernos a ayudar a otras personas. Todo se hace para su gloria y su fama. Tenemos la habilidad de hacer lo que Cristo quiere que hagamos. «Porque somos hechura de Dios, creados en Cristo Jesús para buenas obras, las cuales Dios dispuso de antemano a fin de que las pongamos en práctica» (Efesios 2.10).

Después que David mató a Goliat, todo el ejército de Israel se benefició, sin mencionar a todos los hombres, mujeres y niños de todo el pueblo de Israel. Cuando los filisteos vieron que su campeón había muerto, huyeron y todo el ejército de Israel los persiguió. Los israelitas se deshicieron del yugo de los filisteos. Los persiguieron y se apoderaron de sus riquezas. Una nación entera fue liberada a causa de la fe de una sola persona.

Tal vez haya una nación entera esperándote. Podría haber una familia entera esperándote. Podría haber un aula entera llena de niños esperándote. Podría haber un grupo entero de personas esperando su liberación, porque tú estás atascado en la autocomplacencia. Dios va a realizar sus planes de una manera u otra, pero Dios te está invitando a participar en ellos. No siempre será algo cómodo. No siempre será algo fácil. Es probable que tengas que dar un paso adelante, sabiendo solo que ya te adentraste con Dios hasta el borde del precipicio, con la fe de que Él quiere dar a conocer su fama a esta generación. Y, sin embargo, si te mueves en fe, Dios siempre dará su aliento de vida a tu caminar.

Me parece que así estaba pensando aquel muchacho pastor cuando descendió hasta el valle de Elá.

Tu gigante *está* muerto

Un frío viento mañanero atravesó el tenso ambiente del valle. Los ruidos de cacerolas que se oían por todo el campamento de guerra se detuvieron de repente. Todas las cabezas en el campamento de los israelitas dieron la vuelta. Todos los ojos quedaron fijos en la increíble imagen que se acercaba al centro del valle.

Un joven caminaba hacia el gigante.

Al otro lado del valle, Goliat tampoco podía creer lo que veía. Entrecerrando los ojos, se tapó el sol con la mano y contempló la solitaria figura que se atrevía a retarlo. «Y este tipo, ¿quién se cree que es?», murmuró Goliat. «¿Realmente hay alguien que se atreva a luchar conmigo?». Le hizo un gesto a su escudero, tomó una jabalina y comenzó a marchar hacia delante. Quería pelear. No tenía miedo.

Por cuarenta días habían resonado por el valle las despiadadas burlas de Goliat. En el campamento israelita, todos las habían escuchado a diario. «¡COBARDES! ¿Alguien levántese y peleé conmigo, o todos me tienen miedo? ¡No sirven para nada! Ninguno. Inútiles. Débiles. Lo mismo que su Dios. ¡Los desafío a ustedes, y desafío a su Dios!».

Aquellas injurias habían paralizado a todos los israelitas. Por cuarenta días seguidos, se habían sentido petrificados por el miedo. Los israelitas odiaban al gigante, pero ninguno podía detener el efecto de aquellas burlas.

Goliat, de tres metros e invicto, era conocido en toda esa tierra como un salvaje asesino. Los soldados lo habían visto degollar a sus enemigos, destrozándolos, dejándolos sangrando, desesperados, destruidos y muertos. Era impenetrable. Invencible. Nadie había respondido a su llamado a pelear con él. Y nadie lo sabía mejor que él mismo.

Pero ahora… un muchachito se atrevía a acercársele.

«Si ni siquiera lleva armadura», dijo uno de los guerreros de Israel. «Nunca hemos visto a ese guerrero. Sáquenlo de allí antes de que le haga daño».

Pero nadie corrió a ayudar al muchacho.

Goliat escupió en el suelo con repugnancia. Encogiendo los hombros, como preparándose para la batalla, se ajustó su pesada armadura. Podía ver que su oponente solo era un muchacho. El gigante continuó caminando. Echó el brazo hacia atrás y lo tensó tomando puntería con su jabalina. Su puntería era mortal. Solo tendría que tirar una vez, y el jovencito caería muerto al suelo.

Los ejércitos en ambas colinas irrumpieron en gritos ante la inminente pelea. Los israelitas le gritaban al muchacho que regresara. Los filisteos rugían diciendo: «¡Mátalo! ¡Arráncale la cabeza!».

Goliat quiso incluir unas cuantas burlas de su propia cosecha. Sin dejar de avanzar, bramó burlándose lleno de ira: «¿Acaso soy un perro para que tú vengas contra mí con palos? Ven, que les voy a echar tus huesos a las bestias de la tierra».

Impávido, David se enfocó en la tarea por delante. El muchacho parecía desarmado, salvo su bastón en una mano y una honda en la otra. Midió con la vista el lugar. Instintivamente, calculó la velocidad del viento, la trayectoria que debía tomar el proyectil y la distancia que había entre él y el gigante.

No era un muchacho común ante el campeón filisteo. Se le había llamado de los campos para ungirlo como el futuro rey de Israel. Estaba en un linaje de realeza. El Espíritu del Señor había descendido sobre el joven David con poder.

Y David era más que fuerte. Su seguridad se alimentaba de una relación sumamente cercana con Dios. Para David, Dios no era alguna idea lejana. El muchacho sabía que Dios era mucho más que el Dios de sus antepasados. Durante las largas noches que pasaba vigilando a las ovejas, entonaba cantos de adoración a Dios. Amaba a Dios, y sabía que Dios lo amaba a él. Y estaba convencido de que su Dios, y no los ídolos de los filisteos, era el único Dios vivo y verdadero. *David amaba a Dios, y sabía que Dios lo amaba a él.*

«Escúchame bien, filisteo incircunciso», le gritó David al gigante. «Tú vienes a mí con espada, lanza y jabalina, pero yo vengo contra ti en el nombre del Señor Todopoderoso, mi Padre, el Dios de los ejércitos de Israel. Este es el Dios al que tú has desafiado. ¡Mi Padre te entregará a mí hoy, y voy a derribarte y cortarte la cabeza! ¡Voy a alimentar a las aves del cielo y a las bestias del campo con todo tu ejército!».

Nadie de ningún bando podía creer lo que estaba oyendo. Los soldados se preguntaban si aquel muchacho no estaría loco. Quizás quería morir.

Pero David le gritó más fuerte aún: «¿Me estás oyendo? ¡Cuando termine contigo, el mundo entero va a saber que nuestro Dios es el Dios verdadero!».

Goliat resopló y pateó como si fuera un toro. Se lanzó a la carga contra David, y el espacio entre los dos rivales se redujo. Cincuenta metros. Cuarenta. Treinta.

David metió la mano en su bolsa, donde tenía las piedras, y puso en su honda una piedra redonda y lisa. Corrió unos pasos agitando la honda en círculos. Buscó el lugar exacto que tenía que golpear. El gigante estaba cubierto de pies a cabeza con su armadura. Lo único vulnerable era una estrecha franja de piel. Una aguja en un pajar. Una diana en medio de una tormenta.

Veinticinco metros. Veinte.

Goliat entesó la jabalina con todas sus fuerzas, para lanzarla al muchacho. La jabalina saldría a toda velocidad hacia su enemigo con intenciones mortales. Pero antes de que Goliat pudiera actuar, David apuntó su honda y soltó la piedra. La piedra voló directo hacia el gigante.

¡Pas!

La piedra se le hundió al gigante en la frente, exactamente entre los ojos. Le pegó con tanta fuerza, que lo paró en seco.

Goliat, aturdido, se tambaleó. Se sacudió, trató de enderezarse, quiso dar un paso al frente. No sirvió de nada. Los ojos se le pusieron en blanco. Inconsciente, su cuerpo se estrelló contra el suelo con un golpe sordo que retumbó por todo el valle. Su rostro en tierra, Goliat quedó inmovil. Ya estaba muerto.

Los filisteos enmudecieron. Los israelitas parpadearon, incrédulos.

En todo el valle de Elá, parecía como si el tiempo se hubiera detenido.

David no quería que quedara duda alguna. Corrió hacia el cuerpo de Goliat y sacó la espada del gigante de su vaina. Usando ambas manos, levantó la pesada arma tan alto como pudo y la blandió hacia abajo, contra el cuello de Goliat.

¡Pam!

La cabeza del gigante rodó por el suelo, desprendida de su cuerpo. La campaña de terror del gigante estaba acabada. Al unísono, todo el ejército filisteo salió huyendo por su vida.

Al mismo tiempo, se oyó el sonido de un cuerno en el campamento de los israelitas. «*¡A la carga!*». Un Israel enardecido se lanzó a la persecución, espadas y lanzas en mano, corriendo tras el enemigo con renovada furia.

«¡Todo terminó!», gritaban mientras sacudían el puño al aire. «¡Se acabó el gigante! ¡Nosotros ganamos!».

CAPÍTULO 6

La ira debe caer

—

Pregúntale a alguien si es una iracundo, y la mayoría lo negará al principio.

Te dirá: «Yo no ando enojado todo el día. No le grito a la gente con la que trabajo. No ataco verbalmente a mi esposa, ni ando por la casa aventando las cosas».

Pero escarba debajo de la capa exterior de nuestra vida un poco, y puede que la historia sea diferente. A veces, la ira brota abiertamente. A veces está presente, pero no se ve por muchísimo tiempo. Acecha debajo de la superficie, esperando la chispa que la encienda. Se puede ver así:

Nuestro equipo trabajaba en una casa de más de cien años, en un suburbio extenso una hora al norte de Atlanta. La casa se ubicaba en la Calle Principal y su arquitectura era la clásica, con un amplio porche al frente y una distribución interna caótica, debido a numerosas modificaciones hechas a lo largo del tiempo.

Un día después de un enorme evento que había organizado nuestro equipo en otro estado, nos reunimos con todo el personal en una de las habitaciones de la planta baja, para reflexionar en todo lo que habíamos experimentado. Al terminar, muchos de nosotros salimos a comer juntos. Cuando yo iba de salida, recordé que había dejado la billetera en mi escritorio en la planta alta, así que, mientras los demás entraban en sus autos, yo rápido subí las escaleras y me fui por el pasillo hasta mi oficina.

Mi oficina ocupaba un espacio de ático ampliado, con ventanas en tres lados. La habitación tenía un techo de tablones de pino de dos aguas y estaba situada cerca del frente de la casa, encima del porche. Para entrar en mi oficina principal se atravesaba una habitación de forma extraña que yo usaba como una pequeña biblioteca. Justo cuando pasaba por aquel pequeño espacio, estuve seguro de haber olido algo quemándose. Di media vuelta en la habitación más grande y lo volví a atravesar.

Así era, algo olía a problemas; ese olor acre que te informa que se está quemando algo que no se debe estar quemando. Miré en todas las direcciones. No había llamas. No había humo. Abrí un panel que llevaba hasta un espacio donde había que gatear, que contenía una unidad de calefacción. Tampoco allí había olor. Regresé al cuarto grande. Nada. De vuelta en el pasaje pequeño, definitivamente olía que algo se quemaba. ¿Pero qué? ¿Dónde?

Para entonces, todos me estaban esperando. *Lo clásico de Louie. Se le olvidó algo, y ahora no lo puede encontrar.*

Perplejo, volví a entrar en mi oficina principal y me detuve, examinando la habitación en busca de alguna señal de peligro. Entonces lo vi. ¡Humo! En la pared más lejana había un rincón metido en la pared donde había dos estantes largos. En el estante de arriba se encontraba un premio que había recibido años antes.

Tenía el aspecto de un Oscar, pero de la cabeza le salía humo. ¡Sí, señor! Círculos de humo gris, casi como anillos, que brotaban de dentro y subían por encima de la estatua. Extraño. Supe que estaba a punto de localizar la fuente del fuego. Puse la mano en la pared y la sentí caliente, así que hice lo que había visto en la televisión. Me arrodillé y toqué la alfombra del suelo. CALIENTE. ¡Eso era todo lo que necesitaba saber!

Corrí de vuelta a la planta baja y dije con serenidad: «Oigan. La casa se está incendiando. Saquen sus cosas mientras puedan».

Pasaron pocos minutos para cuando ya estaban allí los bomberos, implorando que saliera de mi oficina. Yo seguía tratando de ayudar, señalándoles el lugar de la pared y del piso donde estaba la acción. Pronto su equipo de escaneo termal confirmó que ciertamente, había un punto caliente entre la pared y el exterior de la casa. Sin más, arrancaron la alfombra con el piso y la pared entera. Trozos y pedazos de nuestra casa empezaron a volar por la ventana del frente, y por la que estaba a la mitad de la escalera.

Nos íbamos a perder la comida. Por fortuna, se me había olvidado mi billetera ese día, y probablemente, por eso se había salvado la casa. Una vez que se asentó el polvo, me permitieron regresar a mi oficina por unas cosas. El fuego se había contenido en un punto debajo del piso. Aparte del desorden, las cosas iban a salir bien.

Yo pregunté cuál había sido la causa del incendio. Un bombero iluminó con su linterna un punto en el cual un hilo eléctrico se había desgastado. El material aislador externo había desaparecido, dejando el hilo de la corriente en contacto con la madera aglomerada. El problema había sido un trabajo mal hecho años atrás. Cuando se había añadido aquel cuarto, alguien tomó un atajo. En vez de taladrar a través de la viga del piso (la viga larga que sostiene el piso) y atravesar el alambre por la perforación, lo habían pasado sobre la viga y lo dejaron suelto bajo el piso de madera aglomerada. Con el tiempo (mucho tiempo), como la casa se había ido moviendo, el hilo rozaba contra la viga, y terminó lanzando una chispa que terminó en llama. Le pregunté al bombero cuánto tiempo había estado ardiendo allí debajo antes de que se formara el fuego.

«Es difícil decirlo», me contestó, «pero por su aspecto, entre una semana y diez días. Tal vez más».

¡¿Cómo?! Mientras nosotros estábamos lejos, celebrando uno de los eventos más grandes de nuestra historia, nuestra oficina entera se cocía a fuego lento, lista para estallar en llamas en cualquier minuto.

Por lo general, así es como trabaja el gigante de la ira en nuestra vida. En la superficie, decimos que todo está bien. «Yo no me considero gente iracunda», le decimos a nuestros amigos. Pero por debajo del suelo de nuestro corazón, algo nos ha estado molestando durante largo rato. Si no lo descubrimos y resolvemos, vamos rumbo a serios problemas. Por eso es tan importante que nos enfrentemos al gigante del rechazo. Gran parte de la ira tiene sus raíces en alguna forma de rechazo. Algo que se dijo, o que no se dijo. Algo que se nos ha hecho de forma repetida. Algo que mereciéndolo, se nos privó de ello. Un sufrimiento. Una herida. Una puñalada.

¿Qué hacemos con el gigante de la ira?

Días de ira

A mí no me lleva mucho tiempo localizar un aspecto de mi vida en el cual ha habido fricción. Es el ciclismo. Tengo una bicicleta de carreras y mi idea de una estupenda tarde de sábado es salir a sudar en un largo paseo en bicicleta. Me encanta el esfuerzo físico del ejercicio. Cuando estoy solo en una bicicleta, pienso y oro mucho.

Sin embargo, hay un problema. Es un hecho conocido que ciclistas y conductores de auto no se llevan bien, y los conductores de auto son los dueños del camino. Les molesta la idea de que haya un tipo en su carril, alentando el proceso de llegar a su destino, sobre todo en los caminos de campo donde a mí más me gusta andar en bicicleta. Es un entorno en el cual puede saltar la chispa de la ira en ambas partes.

Yo me he visto en este tipo de conflictos. Hace algunos días, yo iba en la bicicleta sin molestar a nadie, cuando un auto me rebasó y dobló con rapidez a la derecha, sin fijarse qué tan cerca estaba de mí. Si no hubiera frenado de inmediato, hubiera chocado con su auto. Me enojé mucho. Mi seguridad había sido amenazada. Fue una reacción automática. Le agité el puño al conductor y le comencé a gritar a todo pulmón que diera la vuelta y regresara. ¿Qué iba yo a hacer si regresaba? ¿Pelear con él? Por fortuna siguió su camino. En un momento de mayor serenidad, me pregunté qué había hecho. Agitar el puño fue la reacción visible. Era como el olor a humo en aquella vieja casa. Pero necesitaba preguntarme: ¿qué estaba acechando bajo la superficie que hizo que estallara de esa manera?

La ira no es mala. Pero si está fuera de control, reprimida, mal ubicada, o si le damos rienda suelta, entonces nos puede hacer mucho daño. Las Escrituras dicen con claridad que la ira es un gigante que puede eliminar las posibilidades de Dios para nuestra vida. Si nos descuidamos, nuestra ira destruirá la vida de otras personas. Y podemos estar seguros de esto: la ira descontrolada destruirá nuestra vida también.

Insisto de nuevo en que la ira no siempre es mala. Efesios 4.26 dice: «Si se enojan, no pequen». También Santiago 1.19 indica: «Todos deben estar listos para escuchar, y ser lentos para hablar y para enojarse». Jesús mismo sintió ira. Actuó de acuerdo a esta poderosa emoción, pero nunca pecó. En varias ocasiones reprendió a sus discípulos con palabras fuertes. Echó del templo a los cambistas de monedas. En una ocasión entró en una cena y de inmediato comenzó a insultar al anfitrión (lee Lucas 11.37–53). Así que las Escrituras nos muestran que hay un tiempo para enojarse y un tiempo para expresar de manera correcta nuestro enojo. Pero eso no es de lo que estamos hablando en este capítulo, porque la ira se introduce en nuestras vidas de muchas maneras, y entonces se convierte en un problema. De eso te quiero hablar: de los tiempos en que la ira se convierte en un gigante. ¿Has experimentado alguna vez algo como esto?

- *Una ira sin razón*. Te sientes enojado por algo que nunca sucedió. Pensaste que alguien hizo, dijo o sintió algo malo. Pero en realidad, esa persona no hizo, dijo ni sintió nada así. Sientes esa ira sin razón, y a veces actúas en base a ella sin razón, pero esa ira en tu vida es muy real, no lo dudes.

- *Una ira con razón, pero expresada de forma indebida.* Realmente tienes algo por lo cual estar enojado, pero la estás expresando en toda clase de maneras indebidas. Tu ira destruye puentes. Le hace daño a la gente que te rodea, y te daña a ti también.
- *Una ira con razón que nunca expresas.* Te sientes enojado, pero finges que todo está bien. Retienes la ira en tu interior. Nunca hablas de ella. Nunca te enfrentas a lo que sientes. Reprimir tu ira es una de las cosas más destructivas que puedes hacer. Significa un enorme riesgo para tu salud. Y eso, sin mencionar el hecho de que estarás viviendo una mentira.

Hay un millón de razones por las cuales la gente está enojada hoy en día, así que, por favor, no me dejes reducir la tuya a una simple frase. Las personas pueden estar enojadas con sus padres. Pueden estarlo con sus cónyuges (o excónyuges). Con sus jefes. Con un trabajo desagradable. Con sus maestros de segundo grado que les dijeron que nunca iban a servir para nada. Con los vecinos que tocan su música a todo volumen. Con un partido político o una ideología con la cual no están de acuerdo. Con sus hijos, que no viven a la altura de sus expectativas. La ira nos llega cuando nos sentimos traicionados. O ignorados. O agraviados. O menospreciados. O cuando queremos algo, o esperamos algo, y no lo recibimos. Ahora estamos enojados.

¿Qué me dices de ti mismo? Dedica un poco de tiempo a hacer un breve inventario de tu vida. Al leer la lista que aparece a continuación, ¿hay cosas que te llaman la atención en el sentido de que te han hecho enojar? Subraya aquellas que tengan mayor peso en tu vida. Yo he usado mucho «padres» en esta lista, pero puedes reemplazarla por otra persona en la historia. Un amigo. Un compañero de trabajo. Un jefe. Un abuelo. Un exnovio o una exnovia. Un hermano o hermana. Un entrenador. Un maestro. Un pastor. Una industria. Una institución. Un país. Un gobierno. Un terrorista. Las circunstancias de la vida. Dios. Te sientes traicionado o menospreciado o engañado. Querías algo, pero no te lo dieron.

Subraya todas las que te afectan.

Alguien me abandonó.

Alguien no se interesó por mí.

Alguien prefirió a otra cosa o persona más que a mí.

Alguien abusó de mí.

Alguien que yo quería no me correspondió.

Uno de mis padres abandonó a mi familia.

Mi papá/mamá nos traicionó. No solo traicionó a mi mamá/papá, nos traicionó a todos.

Uno de mis padres tiene, y vive con, otra familia.

Siento ira porque los hijos de otro reciben a diario las atenciones de él/ella.

Siento ira porque mi papá o mamá está demasiado ocupado(a) para prestarme atención.

Siento ira con mi papá o mi mamá porque no nos cuidó.

Siento ira con mi papá o mi mamá porque no se cuidó a sí mismo(a).

Siento ira con uno de mis padres porque no se quiere enfrentar a la realidad.

Mi papá/mamá es demasiado agresivo(a)/demasiado pasivo(a).

Mi papá/mamá me avergüenza.

Mi papá/mamá está ausente todo el tiempo.

Estoy enojado con el jefe de mi padre/madre porque lo/la despidió.

Estoy enojado con otra compañía porque le hizo daño a la compañía de mi padre/madre.

Estoy enojado con el hombre/mujer que nos robó a mi madre/padre.

Estoy enojado con los chicos que están ahora mismo con mi papá/mamá.

Estoy enojado con el lugar donde mi papá/mamá trabaja demasiado.

Estoy enojado con el médico que no salvó la vida de mi papá/mamá.

Estoy enojado con Dios porque mi ser amado murió en un accidente.

Estoy enojado porque no me pude despedir.

Estoy enojado con mi hijo/hija por no hacer caso de la verdad y desperdiciar su vida.

Estoy enojado con mi familia por darle toda su atención a mi hermano/hermana problemático(a).

Estoy enojado con mi mamá/papá porque le da demasiada importancia a mi papá/mamá.

Estoy enojado con mi mamá porque atosiga a mi papá.

Estoy enojado con mi papá por ignorar a mi mamá.

Estoy enojado con Dios porque no impidió que una persona que yo amo se hiciera daño a sí misma.

Estoy enojado por todos los apodos hirientes que una persona me ha llamado.

Estoy enojado por todas las cosas que una persona me ha dicho.

Estoy enojado por todas las cosas que una persona nunca me ha dicho.

Estoy enojado porque mi padre/madre nunca fue un/una líder espiritual para mí.

Estoy enojado porque mi mamá/papá ni siquiera me quiso tener.

Estoy enojado porque nunca fui lo suficientemente bueno para mi padre/madre.

Estoy enojado porque _____.

Es posible que estés enojado con Dios. Que estés enojado con la vida. Hay quienes que, sencillamente, están enojados con todo y con todos. Tal vez subrayaste toda la lista. Es asombroso lo dañina que puede ser la ira cuando entra en escena. La buena noticia es que el Dios del cielo ha matado a los gigantes que hay en nuestras vidas. Jesucristo Todopoderoso, en su vida, muerte, sepultura y resurrección, ha matado al gigante llamado ira. El gigante de la ira está muerto. Tal vez nos siga hablando, se siga burlando de nosotros, siga teniendo veneno mortal en sus colmillos, pero el gigante de la ira ya está muerto.

Territorio inestable

En la historia de David y Goliat, yo no veo que David estuviera tan furioso. Tal vez estuviera justamente enojado porque se estaban burlando de Dios y nadie estaba haciendo nada al respecto. Esa es la clase correcta de ira. Lo que sí veo, sin embargo, es a David rodeado de personas enojadas que no tenían una ira justa. En especial Eliab, el hermano mayor de David, de quien ya hemos hablado un poco. En 1 Samuel 17, cuando el joven pastor David llegó al frente y oyó a Goliat burlándose de los israelitas, hizo unas cuantas preguntas y pasó a la acción. Pero cuando Eliab, su hermano mayor, oyó su plan, la Biblia dice que «se puso furioso con él» (v. 28).

Pensemos esto bien. Eliab ya sabía que David era un joven especial. Ya había visto el favor de Dios en la vida de David. Había sido ungido como rey. Había matado un león y un oso. Era un increíble músico y compositor. Cuidaba bien las ovejas de su padre, fuente importante de provisión e ingresos para la familia. A la luz de todo aquello, cuando David se dispuso a entrar en batalla, Eliab lo debía haber apoyado. En vez de eso, lo que hizo fue dejar que su corazón ardiera de ira. Era una ira expresada de forma indebida y, sin lugar a dudas, una ira que no tenía por qué sentir. Es posible que se haya sentido menospreciado en la familia, pero eso no le daba una razón para estar enojado con David. Eliab estaba molesto a causa de sus propios problemas. Sus sentimientos tenían sus raíces en su incapacidad de procesar la vida al amparo de la gracia y el amor de Dios. ¿Cómo expresó Eliab su ira? Verbalmente.

Observa lo que dice 1 Samuel 17.28. Eliab le preguntó a David: «¿Qué has venido a hacer aquí? ¿Con quién has dejado esas pocas ovejas en el desierto? Yo te conozco. Eres un atrevido y mal intencionado. Seguro que has venido para ver la batalla».

¿Te puedes imaginar el tono acusatorio que había en la voz de Eliab? En su propia opinión, Eliab estaba re-definiendo a David. Lo estaba humillando. Lee entre líneas. Eliab estaba diciendo: «Yo soy un guerrero. Soy el principal de nuestros hermanos. Tú solo cuidas ovejas. (Y, dicho sea de paso, solo unas cuantas). ¿Tuviste que contratar a otro pastorcillo que cuidara tus ovejitas mientras tú venías acá, donde estamos hoy los adultos?». Esto es lo que hacen las personas enojadas. Buscan la forma de echar abajo a la gente que les rodea. Al final del versículo, Eliab llamó «atrevido» a David, y anunció que su corazón estaba lleno de malas intenciones. Este era terreno dudoso. Cada vez que hacemos acusaciones acerca del corazón de otra persona, nos encontramos en terreno inestable. Nadie sabe lo que hay en el corazón de los demás; solo Dios lo sabe. Cuando alguien difama el carácter de otra persona, usualmente están revelando lo que está pasando en su propio corazón.

Tal vez te parezca que estoy deduciendo demasiado del texto. Pero ya vimos esto antes, cuando el profeta Samuel vino para ungir a David. Isaí, el padre de todos ellos, hizo desfilar a sus hijos para que los viera el profeta. Eliab, el mayor, más alto y más fuerte de todos, fue el primero. «Pero el SEÑOR le dijo a Samuel: —No te dejes impresionar por su apariencia ni por su estatura, pues yo lo he rechazado. La gente se fija en las apariencias, pero yo me fijo en el corazón» (1 Samuel 16.7).

Allí se sembró una semilla de ira en el corazón de Eliab. Él podría haber confiado en la sabiduría del Señor. Dios era el que mejor sabía quién debía ser el próximo rey. Dios sabía que Eliab no sería un buen rey. Eliab podría haber confiado en esto.

Pero en vez de confiar, hizo lo contrario y le añadió fertilizante a aquella semilla. Alimentó la semilla de la ira. La regó, la cultivó y la permitió crecer y dar fruto. No había sido escogido, y no ser escogidos puede ser una de las raíces de ira más grandes de nuestra vida. Eliab se sentía ofendido. Ardía de celos. Quería recibir los mismos honores que recibió David. Si solo le hubiera abierto su corazón al Señor, Dios habría obrado en él. Pero Eliab decidió hacer lo contrario y avivar el horno de su ira. Es muy difícil vivir con celos porque hacen que nos comparemos y que compitamos. Nos impide celebrar y aprobar a los demás. Cuando vivimos en familias que comparan y compiten, que no pueden celebrar y aprobar, vivimos en una guerra constante. Se debe a que el gigante de la ira se ha plantado en medio del campo de batalla, nos ha gritado sus insultos y ha logrado establecerse en nuestro corazón.

Uno de los ejemplos positivos que se nos dan en la historia de David y Goliat es que David no permitió que el enojo de Eliab lo detuviera. Siguió adelante y mató a Goliat. Libertó a su pueblo, y le quitó el yugo opresor a sus hermanos y a todo el pueblo de Israel. David siguió adelante en el poder del nombre de Dios, e hizo lo que Dios le llamó a hacer. Eliab también podría haber hecho lo mismo. No iba a ser rey, pero podría haber llegado a ser mucho más de lo que ya era. Eliab podría haber sido el campeón de David desde el principio.

El final feliz que tuvo la vida de Eliab se menciona más tarde en otro libro de la Biblia. En 1 Crónicas 12.9, años después de la muerte de Goliat, Eliab fue hecho tercero al mando en el ejército del rey David. También tenía dotes musicales, como su hermano más joven, y se convirtió en uno de los músicos del ejército (1 Crónicas 15.20). Y finalmente, en 1 Crónicas 27.18 (aunque allí se le llama «Eliú»), se dice que Eliab, hermano de David, fue hecho líder de toda la tribu de Judá. Por ello, pienso que Eliab y David terminaron resolviendo sus diferencias. El Señor obró en el corazón de Eliab, y cambió su manera de ser. Dejó de ser un hombre enojado y celoso, y el rey David lo recompensó con una posición de importancia como líder dentro de su reino. Solo que, en el proceso, Eliab tuvo que resolver todo aquel problema de su ira.

Las cinco piedras pulidas de la verdad

Tal vez estés buscando un arreglo instantáneo al problema de tu ira. Quisieras cambiar de la noche a la mañana. Pero un arreglo verdadero y perdurable raras veces llega en un instante. Dios va moldeando nuestra vida poco a poco, cosa por cosa.

Goliat insultaba a los israelitas todas las mañanas y todas las tardes. El diablo anda al acecho continuamente y cada día nos quiere devorar. La clave para un cambio verdadero duradero en nuestra vida espiritual consiste en llenarnos continuamente de fe. Raras veces los gigantes desaparecen con rapidez. Nuestra invitación es a continuamente recordar que Jesús ya triunfó. Necesitamos enlazarnos continuamente a lo que Él ha hecho y a lo que Él es en nosotros. Entonces, nos hablamos a nosotros mismos como Dios nos habla. Nos decimos verdades bíblicas a

Creemos que lo que Dios hizo por nosotros es *mayor* que todo lo que se pudiera hacer contra nosotros.

nosotros mismos. Cuando hacemos esto y nos alineamos con los planes de Dios, entonces, poco a poco las cosas cambian. Reemplazamos la ira con la lectura de la Palabra de Dios. Reemplazamos las airadas conversaciones que sostenemos en nuestra mente con la oración por las personas con las que estamos enojados. Comenzamos a ver a los demás con los ojos de Jesús. Lo invitamos a Él a ejercer un dominio y reinado totales en nuestro corazón.

A continuación veremos cinco piedras lisas de verdad que le podemos lanzar al gigante de la ira. Jesús ya ha hecho la verdadera obra, y el gigante ya ha caído. Pero, como ya hemos visto, librarnos de los gigantes es una de esas realidades de «ya y todavía no». Sí, la batalla ya ha terminado, pero la lucha continúa. Por la gracia de Dios, Jesús ha triunfado por nosotros, y ganará la victoria por nosotros día tras día tras día.

¿Cómo enfrentamos a la ira? ¿Cómo cae este gigante? Lanzándole las siguientes cinco piedras lisas de verdad.

1. Para comenzar, recordamos que no somos perfectos.

Cuando nos enojamos con otra persona, debemos comprender que hay Alguien que ya ha estado enojado con nosotros. Puede que esto sea algo complicado de entender, porque ese «Alguien» es Dios mismo, y no nos gusta pensar en un Dios enojado. Malinterpretamos la ira de Dios. Cuando pensamos en ella, tendemos a definirla con nuestro entendimiento de la ira humana. Nos imaginamos a alguien ruidoso y bravo, sacudiendo el puño y tirando las cosas contra la pared. Así nos imaginamos la ira. Sin embargo, la ira de Dios y la ira humana no son la misma cosa.

La Biblia nos indica que ciertamente, Dios siente ira hacia las personas que no lo quieren conocer y hacia el pecado que hay en la vida de los creyentes. Dios es amoroso y airado al mismo tiempo. Es airado porque es justo. Es airado porque es santo. Las cosas que nosotros toleramos, Él no las tolera. Los pecadillos que dejamos entrar en nuestra vida, Él no los deja entrar en la suya. Su justicia arde como una llama de gloria. Su ira es la eterna llama de la santidad y la perfección de Dios. En realidad, la «ira» de Dios solo significa que Él existe. Dios se introduce en la ecuación de la vida humana y su pecado, y un Dios santo existe con el fuego de la justicia y supremacía. La ira de Dios significa que Él no puede tener nada que ver con el pecado.

J. I. Packer acude al diccionario y escribe:

> Wrath (ira) es una palabra del inglés antiguo definida en mi diccionario como «un enojo e indignación fuertes e intensos». Se define la ira como «la agitación de un resentido disgusto y un fuerte antagonismo, por un sentimiento de haber sido herido o insultado»; una indignación que es «una ira justa provocada por la injusticia y la bajeza». Así es la ira, y la Biblia nos dice que es uno de los atributos de Dios.[1]

Es importante captar esto, así que necesitamos tener presente una nueva imagen. La ira de Dios no significa que Él pierda control de sí mismo en un arrebato de cólera. Su ira es mucho más una ira «de posición», que una ira «ardiente». Es una negación, movida por su carácter, a no tener nada que ver con todo aquello que no sea santo. Dios, por ser un Dios santo, se debe alejar del pecado. Sí, Él es un Dios de ira, pero no es un Dios de cólera incontrolada. Sí, hay una fuerte ira de parte de Dios con la que debemos contender. Es una ira intensa, severa, una ira en la cual no hay zonas grises. Sin embargo, siempre es una ira de posición en el carácter justo de Dios, que se niega a asociarse con el pecado.

Pablo la describe de esta manera: «Pero por tu obstinación y por tu corazón empedernido sigues acumulando castigo contra ti mismo para el día de la ira, cuando Dios revelará su justo juicio» (Romanos 2.5).

Usemos, pues, esta definición bíblica de la ira de Dios, una ira justa, y revistámonos con la verdad de esta extendida definición. Aunque la ira de Dios no es como la ira humana, con todo sí es una ira muy seria. Al usar la definición bíblica de la ira de Dios, se nos recuerda que mucho antes de que alguien nos traicionara o nos menospreciara, nosotros traicionamos y menospreciamos a Dios. ¡Y Él nos perdonó! Así que, la persona a la cual se le ha perdonado mucho tiene mucho espacio para perdonar a los demás.

Esto nos ayuda a poner nuestra ira en la perspectiva debida.

Cuando yo esté enojado porque me han faltado el respeto, o porque me han menospreciado o traicionado, puedo recordar el fuego de la ira de Dios. En mi pecado, yo he traicionado a Dios. Y, sin embargo, Dios me ha perdonado. Por tanto, yo puedo perdonar a los demás.

El salmo 85 presenta esta idea con tanta fuerza. Observa los primeros versículos. El salmista no pudo proseguir sin decir:

«Detengámonos aquí mismo». Eso es lo que significa la palabra *Selah*.

> SEÑOR, *tú has sido bondadoso con esta tierra tuya al*
>> *restaurar a Jacob;*
> *perdonaste la iniquidad de tu pueblo y cubriste todos sus*
>> *pecados; Selah*
> *depusiste por completo tu enojo, y contuviste el ardor de tu*
>> *ira.*
> *Restáuranos una vez más, Dios y salvador nuestro; pon fin a*
>> *tu disgusto con nosotros.*
> *¿Vas a estar enojado con nosotros para siempre?*
> *¿Vas a seguir eternamente airado?*
> *¿No volverás a darnos nueva vida, para que tu pueblo se*
>> *alegre en ti?*
> *Muéstranos, SEÑOR, tu amor inagotable,*
>> *y concédenos tu salvación. (vv. 1–7)*

Esa es la perspectiva que necesitamos tener siempre presente. Dios ya ha perdonado mucho en nuestra vida. Eso nos ayuda a mantenernos humildes. Eso nos ayuda a no enaltecernos en una supuesta superioridad moral. Eso nos ayuda a perdonar a los demás.

2. Recordamos que Dios ha hecho las paces con nosotros.

La segunda piedra de verdad está estrechamente relacionada con la primera. Dios siempre nos ha amado, pero también ha odiado nuestro pecado y ha odiado nuestras elecciones. Su ira ha ardido contra la forma en que lo hemos tratado. Y, aun así, ha hecho las paces con nosotros. Esa es la segunda piedra. Recordar esta verdad.

El profeta Isaías llamó a Jesús el «Príncipe de Paz» (Isaías 9.6). Estas son buenas noticias para un mundo enojado. Jesucristo está en el mundo, y está por encima, alrededor y dentro de ese mundo, y ha venido como el Consejero Admirable y el Príncipe de Paz. El viene a la mesa de negociaciones diciendo: «Yo tengo autoridad del cielo para negociar un tratado de paz. Tengo toda la autoridad para sentarme a la mesa y hablar acerca de sus faltas, pero no voy a hacer eso. Estoy aquí para ofrecerles un trato, para ofrecerles la paz, para ofrecerles lo que ningún otro les puede ofrecer: la salvación».

En Efesios 2.11–18, Pablo describe a Jesús como «nuestra paz». Jesús viene ante Dios Padre y hace las paces a nombre nuestro. ¿Cómo hace esto? Lo hace presentándole la sangre que Él derramó en la cruz.

Cada vez que nos sintamos enojados, podemos acudir a la cruz. Esa es la razón por la cual yo sigo hablando de la cruz. Esa es la razón por la que nosotros cantamos de la cruz en la iglesia. Esa es la razón por la cual celebramos la cruz. Esa es la razón por la cual no nos alejamos de la cruz; porque fue en la cruz donde Dios, en su santa ira, hizo las paces con nosotros. ¡Esto es una tremenda noticia para nosotros! Dios ya no está enojado con nosotros. ¿Por qué? Porque todo el justo enojo y santa ira de Dios cayó sobre Jesús en la cruz. La ira de Dios ha quedado satisfecha. Nosotros corremos a Jesús para hallar en Él refugio, alivio. Tenemos una relación nueva con Dios. Somos sus hijos e hijas. El que nos guarda es Jesús, el Príncipe de Paz.

3. Creemos que Dios es nuestro vengador.

La tercera piedra pulida de verdad es que Dios es nuestro vengador. Cuando alguien nos hace un mal, muchos queremos hacernos justicia por nuestra propia mano. Pero Dios es quien nos venga. ¿Crees esto?

La razón por la cual el gigante de la ira debe caer en nuestra vida es porque nos desmoraliza y empequeñece la gloria de Dios. ¿Cómo? Robándole a Dios su exclusivo derecho de declarar quién Él es. Dios dice: *Yo soy el que va a vengar todas las injusticias.* Si realmente creemos esto, entonces diremos: «¡Vaya! Pues sí, definitivamente aquí se ha cometido una injusticia. Pero Dios me ha prometido que Él va a vengar lo que yo no puedo vengar».

Con demasiada frecuencia, las expresiones de nuestra ira solo sirven para echarle más gasolina a un fuego que ya está ardiendo. Nos desquitamos con una persona. Le retiramos nuestro amor, comunicación o palabras de aliento. Tratamos de pagarle con la misma moneda. Pensamos que nuestra gasolina va a mejorar las cosas, pero solo hace que las cosas estallen. Cuando tratamos de vengarnos, solo nos volvemos más amargados e internamente destruidos. No podemos aliviar aquello que provocó nuestra ira en primer lugar. No podemos cambiar el corazón de las personas.

La forma de enfrentarnos con justicia a la ira es alinearnos con la justicia de Dios. Él nos da el poder necesario para hacer las paces con los demás. Él es el que venga todas las injusticias y maldades que hay en el mundo. La justicia llegará. Vendrá, o bien hoy en la tierra, o en el futuro en el cielo, pero puedes estar seguro de que la justicia llegará. Un día, Dios va a enderezar todo lo torcido. Y al hacerlo, va a ser más justo de lo que jamás podríamos ser tú y yo. Lo hará de una manera más exhaustiva. La situación recibirá una justicia, una paz y una reconciliación verdaderas.

Dejar la venganza en las manos del Señor no equivale a ignorar nuestros conflictos sin resolver. Tal vez se requiera dar un paso de confrontación, de comunicación abierta o restitución. Pero siempre debemos abordar cualquiera de estos procesos desde una posición de perdón. Nuestra liberación de los efectos de las acciones injustas de otros nunca vendrá del todo de la decisión de un ser humano o como consecuencia de un proceso. Nuestra libertad se produce cuando anclamos nuestra esperanza en el hecho de que nuestro gran Dios nos defiende y repara todo mal. Por tanto, mientras esperamos en la justicia de Dios, podemos operar desde el perdón, no para conseguirlo.

En Romanos 12.14 Pablo nos presenta esta instrucción contraria a la intuición: «Bendigan a quienes los persigan; bendigan y no maldigan». Y dice más tarde, en el versículo 17: «No paguen a nadie mal por mal».

Eso no suena a la forma en que la mayoría de las personas trata con la ira, ¿verdad? El gigante de la ira nos dice que debemos pagar un mal con otro. Si alguien nos golpea, nosotros debemos devolverle el golpe. Seguramente, eso nos hará sentir mejor, ¿cierto? Bueno, cuéntame cómo te va si lo haces.

¿Qué se hace en lugar de devolver golpe por golpe?

- *Me dices que te han lastimado. Bien. Deja que Jesús sane ese dolor.*
- *Me dices que te han herido. Bien. Deja que Jesús trate con tus heridas.*
- *Me dices que te sientes molido. Bien. Deja que Jesús trate con tu tristeza y quebranto.*

Dios es más grande y más poderoso de lo que jamás nos podríamos imaginar. Sí, nos pueden herir, pero Jesús es más grande que nuestras heridas. Jesús es más grande que nuestras angustias. Él es el único capaz de restituir «los años que comió la langosta» (Joel 2.25, RVR). Todo lo que la injusticia ha destruido, Jesús es capaz de restaurar plenamente.

El mundo te dice que odies y te sientas tratado injustamente, y alimentes el resentimiento. Pero los cristianos hemos sido llamados a caminar por el mundo con el corazón de Cristo. Le ofrecemos a la humanidad un modelo diferente. Le mostramos a la gente una imagen distinta. ¿Hay alguna injusticia en tu pasado que aún no has podido resolver? Oye, hemos conocido a Dios demasiado tiempo para seguir amargados por aquello. Hemos caminado demasiado lejos con Jesús para seguir alterados acerca de esto. El Espíritu Santo ha llenado demasiado mi corazón como para que yo siga con ese resentimiento en tu contra. Nuestro Dios es demasiado grande como para que nosotros odiemos a alguien.

Pablo dice en Romanos 12.18: «Si es posible, y en cuanto dependa de ustedes, vivan en paz con todos». Este es el mismo personaje al que le tiraron piedras. Más de una vez, a Pablo lo echaron en la prisión. Tres veces lo azotaron con varas. Cinco veces fue azotado al grado de casi perder la vida. Y, sin embargo, no busca venganza. Busca a la paz.

4. Perdonamos.

¿Cómo podemos derrumbar al gigante de la ira? La cuarta piedra pulida de verdad es el perdón. Por el poder de Cristo, perdonamos a la persona con la cual estamos enojados.

Pablo dice en Efesios 4.25–26: «Por lo tanto, dejando la mentira, hable cada uno a su prójimo con la verdad, porque todos somos miembros de un mismo cuerpo. "Si se enojan, no pequen". No permitan que el enojo les dure hasta la puesta del sol». En otras palabras, si tomamos en serio las Escrituras, entonces no te acuestes esta noche sin resolver cualquier ira que aún haya en tu corazón. Extiende el perdón a la persona que te haya hecho mal. Cuando perdonas, reconoces que te han hecho un mal, claro. Pero ya no se lo tomas en cuenta al que lo hizo.

Tal vez te preguntes cómo puedes hacerlo. La persona con la que estás enojado no vive cerca de ti. Tal vez ustedes ya no se hablan. Quizá la persona haya fallecido. Quizá la herida te parezca demasiado grande para perdonar. Todavía quieres matar a esa persona; no perdonarla. Te entiendo. En este mundo se hacen muchas cosas horribles. Y tal vez el dolor en tu vida es tan grande, que ni siquiera puedes tocar el tema del perdón. No obstante, es necesario que lo sueltes. Tienes que permitir que Dios revierta la marea en tu corazón. Necesitas soltar el resentimiento. Tienes que soltar la carga que llevas a la espalda, y la manera de soltarla es por medio del perdón.

El perdón sucede cuando te acercas al Señor en oración y le dices: «Dios mío, por la gracia de Jesús quiero que sepas que perdono a esta persona. Tú me perdonaste a mí. Y ahora yo la perdono a ella. No puedo tener en su contra más de lo que tú escogiste no tener en mi contra». Gracias a la cruz, tú tienes el poder de decir: «Te perdono». Es posible que la otra persona diga: «No me importa». O bien: «Yo nunca te he hecho nada malo». O bien: «Bueno, este malentendido todo fue culpa tuya». No pasa nada. Si no te quieren oír, entonces anuncia que la perdonas a ti mismo y a Dios. Te liberas a ti mismo. Cuando lo hagas, el gigante dejará de burlarse.

El perdón es un proceso. Algunas veces necesitamos perdonar a una persona en más de una vez. Es posible que la relación no se restaure solo porque tú perdonaste a la otra persona. Y tal vez tú no quieras que se restaure la relación. El que tú perdones a alguien no significa que quieras volver a ser su amigo. Sí, van a existir algunos límites en la relación entre ustedes, y eso no tiene nada de malo, pero de todos modos quieres perdonar.

Lo que quieres es poder acostarte esta noche en tu cama y dormir en paz bajo la sombra de la cruz. No quieres cargar con tu ira un solo día más. Quieres acostarte esta misma noche diciendo: «Señor, no guardo resentimiento contra nadie, porque tú no guardas resentimiento contra mí». En ese momento en que tú perdonas, el diablo pierde la posibilidad de meterse en tu vida. No puede poner un solo ladrillo más en el muro.

5. Recordamos que somos hijos e hijas de Dios.

La quinta piedra pulida de verdad es que fuimos escogidos por un Padre perfecto. Necesitamos recordarnos esto todos los días.

La ira de muchas personas puede ser consecuencia de que se sienten traicionadas o menospreciadas. La persona que las traicionó y menospreció era una figura de autoridad, un padre, un maestro, un pariente mayor o un jefe. Sin embargo, la voz de Jesús habla por encima de todo esto. Y proclama que somos hijos e hijas suyos. Él nos ha adoptado. Él nos ha escogido para ser suyos. Dios es perfecto, y nosotros somos los hijos de un Padre más que bueno, buenísimo. Ante sus ojos somos amados y estamos seguros y confiados, y somos importantes, gracias a Él. Gracias a Jesús, tenemos lo que se requiere. Gracias a Jesús, somos amados y queridos.

Vemos a David, el mata–gigantes, disfrutando de este amor de Dios. David se sentía confiado porque llevaba dentro la confianza de Cristo. Él sabía que la fama del Señor estaba en entredicho, y no se apoyó en sus capacidades, sino que se apoyó en el poder de Dios que había dentro de él. Mató a un gigante, no para hacerse famoso, sino por la fama de Dios. Él escribió estas palabras en el salmo 68:

> *Canten a Dios, canten salmos a su nombre;*
>> *aclamen a quien cabalga por las estepas,*
>> *y regocíjense en su presencia.*
> *¡Su nombre es el Señor!*
> *Padre de los huérfanos y defensor de las viudas*
>> *es Dios en su morada santa.*
> *Dios da un hogar a los desamparados*
>> *y libertad a los cautivos;*
>> *los rebeldes habitarán en el desierto. (vv. 4–6)*

Dios es padre a los que no tienen padre, y defensor de viudas y huérfanos. Este es Dios en su santo lugar de habitación. El gigante de la ira se derrumba cuando tomamos la piedra que dice que somos Sus amados hijos e hijas.

Libres al fin

De una cosa podemos estar seguros: vivimos en un mundo quebrantado, y eso nos da razones de más para estar enojados. Sin embargo, una cosa es estar enojado y otra muy diferente es permitir que el gigante de la ira nos arranque del pecho un corazón lleno de gozo. Vivir con un fuego carcomiendo nuestro interior es una manera muy triste de vivir. Vivir como víctimas nos derrota y nos aprisiona. Tarde o temprano, es necesario que nos cansemos de ese gigante y lo derribemos.

¿No estás cansado de estar enojado todo el tiempo? ¿De estar agotado por guardar ese resentimiento durante todos estos años?

En realidad, derribar a este gigante tiene todo que ver con soltar el control.

Siempre he chocado con la frase simplista que dice: «Suéltalo y suelta a Dios». Pero en realidad es bastante poderosa, y para mí, es la mejor forma de avanzar contra el gigante de la ira. La ira sin resolver es engañosa, como todo pecado, haciéndonos sentir que tenemos el control de todo. Pensamos: *No te voy a perdonar. No voy a permitir que te salgas con la tuya. No te voy a volver a hablar jamás. Voy a hacer que lamentes haberme hecho semejante cosa*. Y eso nos hace sentirnos poderosos. Sin embargo, las más de las veces, la otra persona está de vacaciones, feliz de la vida, mientras nuestro estómago se pudre. Nosotros hirviendo por dentro, y ellos echándose una siesta en alguna playa.

Por el amor de Dios, necesitamos apartar nuestros ojos de ellos para volver a fijarlos en Jesús. Nos tenemos que dar cuenta de que son unas manos perforadas por clavos las que nos sostienen. Tenemos que reconocer que somos valorados y amados. Esto confirma que creemos que lo que Dios hizo por nosotros es mayor que lo que cualquiera pueda hacer en nuestra contra. Esto nos restaura. Nos libera para en verdad vivir nuestra vida, y correr nuestra carrera, y crecer y florecer para ser lo que Dios dice que podemos ser. Para ser amados, y soltarlo todo, para dejar que Dios apague ese fuego que amenaza con convertir nuestros sueños en cenizas.

Pero, sigue de pie otro más; un repugnante gigante que también debe caer.

CAPÍTULO 7

La adicción debe caer

—

La escena que vi en el restaurante la otra noche era clásica... y típica. Sentados a la mesa situada al lado de la nuestra había una mamá, un papá y tres niños. No estoy seguro cómo es que lograron ordenar su comida y si se la comieron, porque cada uno de ellos estaba en su propio mundo. El papá estaba en su teléfono celular, al parecer respondiendo unos cuantos correos electrónicos de mucha importancia. Yo podía ver también por encima del hombro de la mamá (por favor no me juzgues por ser un poco entrometido), y ella estaba metida por completo en Facebook, dándole clic y comentando a una impresionante velocidad mientras iba recorriendo la vida de otras personas. Uno de los niños estaba jugando Candy Crush en su tableta. Otro estaba moviendo su iPad de un lado a otro, entretenido en un juego de carreras. El tercer niño tenía incluso sus audífonos puestos a la mesa con otra pantalla frente a él. Estaba jugando alguna clase de juego de guerra, destruyendo ciudades y haciendo volar personas por los aires, y de vez en cuando, yo podía ver que los ojos se le iluminaban. Entonces murmuraba en baja voz: «¡Sí! Adiós, idiota».

Lamentablemente, esto se ha convertido en nuestra nueva «normalidad».

Somos una de las generaciones de seres humanos más excesivamente estimuladas en la historia del mundo. Tenemos novecientos canales en la televisión, pero seguimos aburridos. Recuerdo los tiempos en que solo teníamos cuatro canales en la televisión. Todo el mundo sabía qué programa estaban transmitiendo, porque todos veíamos los mismos programas. Si nos portábamos mal de niños, mamá y papá nos mandaban al cuarto. Medicina fuerte, ¿no crees? En el pasado sí lo era. En mi cuarto no había computadora. Ni teléfono celular. Ni videojuegos. Ni Wi-Fi. Ni correo electrónico. Ni videos de Internet. Ni una conexión con mil millones de amigos en redes sociales. Mamá y papá me enviaban a mi cuarto, y eso se consideraba como un encierro en solitario.

Somos una generación de adictos. No nos consideramos adictos, pero es lo que somos. ¿Será una generalización demasiado fuerte? Menciona la palabra «adicto» y el ambiente de la habitación cambia al instante. Nuestra mente conecta esa palabra solo con las «grandes» adicciones, como el alcoholismo, el abuso de las drogas o la pornografía. Consideramos adictos solo a aquellos infelices que tienen que ir a rehabilitación. Sin embargo, esta generación es adicta a toda clase de cosas. Unas cosas son pequeñas y otras grandes. Siempre necesitamos tener algo entre manos. Siempre tenemos que estar llenando nuestras mentes con algo que nos distraiga o nos entretenga. Una familia de cinco personas no puede pasar una hora en la mesa sin que los

Nosotros *podemos,* porque Dios *puede.*

ojos de cada una de ellas estén pegados a una pantalla personal. Y ciertamente, el entretenimiento no es la única adicción con la que luchamos hoy.

Ahora bien, por supuesto que no estoy denigrando el proceso de tratar con las adicciones grandes. Hace poco, un amigo me contó la escena que se produjo cuando una madre entró a un círculo de desesperación que ella pensaba era una reunión en su casa con un vendedor de bienes raíces. La reunión era una trampa; una intervención. En el círculo estaban sentados sus padres, su esposo, con el que llevaba veinticuatro años de casada, sus dos amigas más cercanas, su hermana y tres de sus hijos, de diecinueve, dieciséis y catorce años de edad.

Esta madre era adicta al alcohol y a los medicamentos recetados. El momento más fuerte se produjo cuando su hija de dieciséis años vació una bolsa de plástico que estaba llena de latas de cerveza vacías y frascos de píldoras que ella había estado sacando del depósito de basura que tenían en el garaje. «Mamá», le preguntó, «¿por qué amas a estas cosas más que a mí?».

En realidad, es probable que aquella madre no amara a los medicamentos y las bebidas más que a su hija. Pero estaba siendo aplastada por el gigante llamado adicción, y estaba a punto de destruir a todos y a todo lo que ella amaba.

Las grandes adicciones son reales. Nuestra familia ha pasado por algunas inmensas, y si esta también es tu historia, estoy contigo. No las tomo a la ligera. Sin embargo, no quiero que nadie se acomode en su asiento y digamos: «Bueno, ya que yo no estoy luchando con esta gran adicción, ni con aquella gran adicción, entonces en realidad no tengo ninguna adicción en mi vida».

Cuando hablamos de las adicciones, necesitamos lanzar una red más ancha. Una adicción es todo aquello sin lo cual no podemos vivir. Somos esclavos de esa cosa. Es un hábito que no podemos romper. Es una persona de la cual no nos podemos separar. Es un patrón de conducta que no podemos cambiar. Y al final, es algo dañino. Si no hacemos algo al respecto, la adicción destruye nuestras vidas y todo lo que nos rodea.

Eso es lo que hace el gigante de la adicción. Nos roba lo mejor de nosotros. Nos conduce por un sendero descendente que nunca se acaba, rumbo a una promesa que nunca se cumple. Y al final, el gigante de la adicción nos aplasta, ridiculizándonos y apagando la fama y la gloria de Dios en nuestra vida.

Por eso el gigante de la adicción debe caer.

La mayor adicción

Las adicciones son poderosas, y normalmente ilógicas; tiene poco sentido que escojamos un camino dañino, pero, de todas maneras, lo escogemos. La pelea contra una adicción puede durar no solo meses, sino años. En medio de esta pelea es fácil que nos hundamos hasta un punto donde decimos: «Bueno, esta práctica, o hábito, o sustancia, o relación, no va a avanzar más. Estoy seguro que he tocado fondo. Esto no se puede empeorar». Tal vez haya un pequeño destello de esperanza por un tiempo. Peleamos contra la adicción. Todos los que nos están dando ánimo dan un suspiro de alivio. Pero después volvemos a caer. O nos hundimos a un nuevo nivel. Si has pasado por ese camino lleno de altibajos, sabes lo difícil, frustrante, confuso y temible que puede ser.

Puede que la sustancia sea distinta, pero el patrón de conducta es inusualmente similar. Para algunas personas, su droga de elección es el alcohol. Para otras es la metanfetamina, una droga que te destruye por completo. Para otros es la cocaína. Algunos piensan que su droga es inofensiva; solo es una droga para divertirse, que hace que la diversión dure toda la noche. Las drogas de elección pueden ser los analgésicos, como la hermana de mi amiga que mencioné anteriormente. La oxicodona aparece mucho en las noticias hoy en día. Y la heroína está dejando muertos por todas partes.

Hay quienes son adictos al dinero. Nunca parecen tener suficiente. Por mucho dinero que tengan, necesitan tener más. Otras personas son adictas al sexo de todos tipos.

Muchas personas son adictos a la pornografía. Todos hemos visto las estadísticas. La pornografía es ese inmenso gigante que se para en medio de la habitación y nos grita su burla preferida: «Nunca vas a quedar libre de esto». Pero se trata de una mentira. Muchas personas son adictas a la compra de cosas y a tener cada vez más cosas. Cuando no pueden con la vida, van a una tienda. No se pueden detener, y no les importa si tienen dinero para gastar o no. Esta adicción se encuentra en todos los niveles de la cadena socioeconómica. Hay personas que son adictas a las tiendas de Nordstrom. Otras buscan su dosis en Walmart. Existe una razón por la cual hay muchas tiendas que permanecen abiertas las veinticuatro horas del día. Cuando la gente no sabe qué hacer con su vida, siente necesidad de empujar un carro de compras. El nombre humorístico de esta adicción es «terapia de compras». Pero no te equivoques, es una droga.

Los logros se pueden convertir en una droga. Buscas un nuevo nivel de rendimiento en tu trabajo. Un ascenso. Un premio. Un elogio. Eras el gerente regional de ventas, y ahora vas a subir más alto en la escalera. Fuiste reconocido por el panel de jueces. Traes a casa calificaciones sobresalientes y tu promedio general es de 98. Tomas clases de educación avanzada para que tu promedio general suba a 99 o un 100. Siempre necesitas ocupar el primer lugar. Siempre te estás esforzando por conseguir logros, y no sabes qué hacer si no lo logras. Todo esto suena bien, pero muy dentro de ti, sabes que los logros son tu droga preferida.

La adrenalina se puede convertir en una droga para muchas personas. No pueden descansar. Necesitan estar alertas todo el tiempo. Cuando se despiertan, se toman un Red Bull como desayuno. En la comida, se toman un estimulante de energía que les dura cinco horas. Un café expreso triple en la cena. No quieren que se detenga su maquinaria, y hacen lo que sea necesario para evadir el silencio.

Hay personas que son adictas al dolor. Estás atrapado en una mentira. Te cortas la piel, o te haces quemaduras, o te pones en situaciones peligrosas o dolorosas de manera deliberada, porque así es como enfrentas la vida. Un día normal te hace sentir adormecido, de manera que crees que la única forma en que lo puedes soportar es sintiendo algo, lo que sea, y el dolor físico hace que fluyan tus endorfinas.

Hay personas que son adictas a la gente. Necesitas a cierta persona, y si no ves a esa persona o tienes noticias de ella, te pones de

6

mal humor. Tú sabes quién eres. Estás leyendo este libro ahora mismo y ves tu teléfono cada dos minutos, y piensas: *¿Por qué no me ha enviado un mensaje de texto? Todavía no me ha enviado un mensaje de texto. No sé por qué no me ha enviado un mensaje de texto. Oh, ¡realmente quiero que me envíe un mensaje de texto!*

¿Sabes cuál es la adicción más extendida que existe hoy en el mundo? Es esta: la adicción a la aprobación de los demás.

Si acabas de susurrar: «Bueno, yo no soy adicto a esto», entonces en realidad lo eres. ¿Por qué quisiste justificarte de esta afirmación? ¿Por qué sentiste la necesidad de decirte a ti mismo, o a cualquier conocido cerca de ti, que tú no eres adicto a la opinión de los demás? Los que dicen: «No me importa lo que pienses», en realidad están diciendo: «A mí me importa mucho lo que tú piensas... Y por eso te estoy diciendo con tanta fuerza que no me importa. Porque *sí* me importa, ¡Y quiero que lo sepas!». Oye, todos queremos caerle bien a los demás. Todos queremos ser aceptados. Todos queremos saber que no estamos solos en este mundo.

Las redes sociales han entendido esto. Las redes sociales entierran un cuchillo en la adicción a la aprobación ajena, y lo retuercen en gran manera. En estos días es difícil mencionar sitio alguno de la web, porque los populares cambian con mucha rapidez, pero en el momento en que estoy escribiendo esto, Instagram y Facebook van al frente. Pronto se convertirán en el Myspace de mañana, y en sus lugares surgirán otros sitios de redes sociales. Pero la adicción a la aprobación seguirá presente.

Como ya mencioné, en general me gustan las redes sociales. Me parece que pueden hacer una gran cantidad de cosas estupendas. Pueden mantener conectados a familiares y amigos. Nos ayudan a celebrar la vida de otras personas. Son una forma magnífica de darle ánimo al mundo entero. En las redes sociales le podemos dar gloria a Dios. Sin embargo, también pueden ser dañinas. ¿Has pensado así alguna vez?

Ah, aquí tengo una fotografía mía que me gusta. Es una de mis mejores fotografías. Vi una fotografía de mi amiga de lo mismo. Ella fue a París y se sacó una buena fotografía en tal y cual lugar, así que yo me tomé una buena fotografía en ese tal y cual lugar. Me conseguí un filtro de fotos estupendo. Acabo de publicar mi imagen ante el mundo. Aquí estoy, gente. Celébrenme. Díganme que soy genial. Díganme que me aman. ¿Qué les parece?

Publicamos la foto y esperamos.

Esperamos a que alguien nos dé un «like».

Refrescamos la página y esperamos un minuto más.

Entonces, alguien nos da un «like». Tenemos la esperanza de que lo haga más gente. *Ah, a alguien le gusta mi fotografía. Por fin. ¿Alguien más? Vamos, gente, esta foto de mí es realmente genial. ¿Acaso todas mis amigas están dormidas en este momento? ¿Que todos están ciegos de repente?*

Esa es la adicción a la aprobación ajena. Si se usan las redes sociales para que personas celebren a los demás y compartan la vida en el mundo entero, y hablen de Jesús y del evangelio, entonces las redes sociales son excelentes. Pero si las redes sociales son el lugar donde uno acude para conseguir aprobación, y si son tu droga, entonces las redes sociales te van a matar. Escribe eso en Twitter.

Todos somos vulnerables

———

Debajo de toda adicción (y de nuestra necesidad fundamental de recibir aprobación) hay una pregunta mayor. Es esta: ¿qué problema está operando en mi vida para que yo necesite enmascarar el dolor y el vacío con una adicción? Verás: las drogas, o el alcohol, o el sexo, o la pornografía, o la gente, o las redes sociales, o la terapia de las compras, son solo un síntoma. La causa es otra cosa. La causa se halla debajo de la superficie.

La raíz de la mayor parte de las adicciones es el dolor. La causa es el pecado. Alguien nos ha rechazado. Alguien nos ha causado dolor; dolor emocional, dolor físico, dolor relacional, dolor económico. Esta persona nos ha hecho sentir que no somos lo suficientemente buenos. Estamos convencidos de que no damos el ancho. Nos han marcado la vida con una sensación de ineptitud. Nos han arrancado nuestra seguridad y nuestro sentido de importarle a alguien. Nuestro mundo se ha volteado al revés y nada tiene sentido, nada está claro, nada se siente bien. Estamos solos, o enojados, o cansados, o molestos, o frustrados, o temerosos, o nos sentimos traicionados, o perdidos, o asqueados, o afligidos o desequilibrados a la fuerza. Esa es la causa.

El síntoma es cuanta adicción se nos presente y nos prometa que nos hará sentir mejor. Mira: cuando sentimos un caos por dentro, corremos a lo que nos prometa un alivio. Sentimos sobrevivir de alguna manera, así que acudimos a lo que creemos que nos hará sentir mejor. Tal vez esa adicción sí nos da alivio por un breve tiempo. La adicción causa un poco de entusiasmo. De euforia. De adrenalina. De emoción. Pero después, la adicción nos decepciona en grande, y nos hundimos aún más que antes. Si tienes un hambre voraz, si hay dolor en tu vida, y la comida es tu adicción, entonces es posible que te comas un gran paquete de galletas Oreo. Puede que te sientas realmente lleno después. La cabeza te va a dar vueltas por toda el azúcar que comiste, y te vas a sentir mareado, pero te seguirás sintiendo lleno. Se te aliviará el hambre. Sentirás un poco menos el síntoma. Pero esas galletas de relleno doble no van a nutrir tu cuerpo. Y la raíz que causa esa adicción a la comida habrá quedado intacta. Si todo lo que comes, comida tras comida tras comida, es azúcar, entonces el azúcar no te va a dar lo que te promete. Al poco tiempo vas a estar seriamente enfermo. Nunca enfrentarás aquello que causó que comieras de esa manera en primer lugar.

Necesitamos mirar más allá del síntoma para examinar la causa. ¿Cuál es la fuente del caos que tenemos en nuestra vida? ¿Por qué nos sentimos tan inadecuados? ¿Por qué tenemos tanto miedo a que nos conozcan? ¿De dónde viene ese dolor? A menos que estemos dispuestos a mirar debajo de la droga para averiguar qué está causando esos problemas, el gigante de la adicción nunca va a caer.

Es muy posible que la causa inicial de todo no sea una cosa, sino una persona. Nosotros no formamos nuestros sentimientos de la nada. Somos formados por las expectativas o los rechazos de los demás. Nos hacen sentir ineptos y temerosos, y no queremos que nadie sepa lo débiles y solos que nos sentimos.

Todo esto nos hace sentir vulnerables en nuestro interior. No estoy hablando de la forma buena de vulnerabilidad, la cual puede ser hermosa, como cuando una persona se toma un riesgo importante, o da un paso de fe, o se hace vulnerable delante de Dios. Estoy hablando de la forma negativa de la vulnerabilidad. Ser vulnerable en este sentido negativo significa que estamos abiertos a cualquier ataque. Tenemos una relación mutua con lo caótico. Vamos en un auto con las llantas lisas por un camino mojado. Somos un ser humano normal que se enfrenta a un gigante y está a punto de ser asesinado. El peligro nos ataca, y sentimos que el peligro va a ganar. Nuestro patrón de conducta es este: la vulnerabilidad nos hace sentir débiles, y la debilidad nos hace tratar de encubrir para sobrevivir, y cuando tratamos de encubrir para sobrevivir, corremos hacia una adicción.

Te lo voy a presentar de una manera práctica. Si alguien que conoces es adicto a la pornografía, la raíz que causa la adicción en ese caso, en los términos más amplios, es que esa persona se siente «vulnerable». Se siente perdida. Confundida. Indefensa ante los ataques. Bajo presión. Herida. Aburrida. Solitaria. Rechazada. Algo semejante a estas cosas. Así que corre hacia este mal para cubrir su vulnerabilidad. Corre en busca de la adicción con la esperanza de que le satisfaga. Esperando que el dolor desaparezca. Pero nunca desaparece. Y la persona sale herida en el proceso. La pornografía es una destructora de todas las cosas buenas. La pornografía nunca satisface, ni produce resultados positivos. Es una excitación a un plazo supercorto para un alma insegura. Al final, la adicción trae muerte a todo lo bueno que tenemos a nuestro alrededor.

Por fortuna, existe una solución: Cristo. Jesús derriba al gigante de nuestras adicciones. Tenemos que descarrilar esta dañina trayectoria de volvernos a lo dañino cada vez que sintamos dolor. Aún hay caos en el mundo, y todavía luchamos con sentimientos de vulnerabilidad. Esa pelea no va a cesar. Aún desearemos encubrir para sobrevivir. Pero la solución, en lugar de salir corriendo hacia una adicción, es correr hacia Jesús. Podemos estar seguros y protegidos cuando estamos inmersos en la intimidad con Dios.

Veamos la vida de David para comprender mejor cómo funciona esto.

La máscara de la armadura que no nos queda bien

Cuando David se preparó para entrar en batalla con Goliat, el rey Saúl le dijo estas palabras muy directas:

«¡No puedes!». (1 Samuel 17.33)

Saúl le explicó por qué. Le dijo: «¡No puedes salir a pelear contra este filisteo! No eres más que un muchacho, mientras que él ha sido un guerrero toda la vida» (v. 33).

A primera vista, parece como si el rey Saúl estaba mostrando preocupación por David. Pero no estoy seguro que fuera preocupación verdadera. O completa preocupación. Yo creo que Saúl estaba intentando desenmascarar a David. Hacer que David se sintiera vulnerable. El rey Saúl era un guerrero de notable estatura, fuerte, cuya cabeza sobresalía por encima de las de todos los demás hombres del ejército israelita. Poseía una de las mejores armadura. Tenía toda una guarnición de guerreros a su lado. El rey Saúl debió ser quien saliera a pelear contra Goliat. Pero no lo hizo. Cada vez que Goliat se burlaba de ellos, el rey Saúl se quedaba en su tienda de campaña, preocupándose. Me parece que cuando David, un simple adolescente, se le presentó y declaró que él pelearía contra el gigante, la primera reacción de Saúl fue señalarle a todo el mundo lo difícil que sería esa pelea. Lo imposible que sería. Saúl quería salvar su reputación. Quería declarar ante todos los que lo oyeran que pelear con un gigante no era cosa de juego. Aquel muchacho iba a fracasar.

Sin embargo, fíjate en lo que David le contestó. David fue respetuoso. Fue sabio. Le recordó a todo el mundo que él era servidor de Saúl. No estaba tratando de usurpar el trono. La verdad es que tenía buenas razones para creer que él podía pelear con el gigante. Esto es lo que le dijo:

> A mí me toca cuidar el rebaño de mi padre. Cuando un león o un oso viene y se lleva una oveja del rebaño, yo lo persigo y lo golpeo hasta que suelta la presa. Y, si el animal me ataca, lo agarro por la melena y lo sigo golpeando hasta matarlo. Si este siervo de Su Majestad ha matado leones y osos, lo mismo puede hacer con ese filisteo pagano, porque está desafiando al ejército del Dios viviente. El Señor, que me libró de las garras del león y del oso, también me librará del poder de ese filisteo.
>
> (vv. 34–37)

Lamentablemente, Saúl no pudo descansar en esta proclamación de la bondad de Dios. Él le tenía que añadir los pensamientos de un mero hombre: los suyos. Así que le puso a David su propia túnica. Lo revistió con una armadura y le puso un casco de bronce en la cabeza. David se ajustó la espada de Saúl sobre la túnica y trató de caminar. Pero se sentía extraño. No estaba acostumbrado a usar todo ese equipo. La armadura de Saúl no resultó ser nada más que una manera de encubrir lo que él consideraba como la ineptitud de David. Saúl quería que David se pusiera todo aquello para que David pareciera más fuerte y protegido de lo que realmente estaba.

Así somos nosotros también. Tratamos de ponernos una armadura falsa todo el tiempo. Nos sentimos indefensos en un mundo quebrantado. Tenemos miedo. Nos sentimos vulnerables a los ataques, de manera que nos escondemos, nos escondemos en las adicciones. Nos tratamos de envolver en cosas que nos prometen hacernos más fuertes, o protegernos más de lo que estamos en realidad. ¿Por qué las personas beben antes de ir a una fiesta? Porque a muchos el alcohol los relaja y los hace sentirse más abiertos al momento de socializar. Las personas dicen que una copa o dos les hacen sentirse más cómodos con los demás. ¿Por qué? Tal vez porque le tienen miedo a los demás. O temen el rechazo. Temen que no van a recibir la aprobación de los demás. Así que acuden a una adicción. En cambio, David puso a un lado todos los enseres con los que Saúl estaba poniéndole peso encima, y acudió al Señor. Salió a pelear con el gigante sin más cosas que él mismo, su honda, su cayado y su Dios. Ese es el patrón para nuestra vida también.

Cubriendo y sobrellevando

¿Recuerdas la historia de Adán y Eva en el huerto del Edén? Esta historia se relaciona con todo lo que hemos estado hablando. El cuadro comienza para nosotros en Génesis 2.24–25, donde vemos la unión bastante feliz de los primeros humanos. «Por eso el hombre deja a su padre y a su madre, y se une a su mujer, y los dos se funden en un solo ser. En ese tiempo el hombre y la mujer estaban desnudos». Pero *no* sentían vergüenza.

Amén a esto. Aquí tenemos a los dos primeros seres humanos del mundo. Los dos desnudos. Y no sentían vergüenza. Eso es hermoso. La Biblia afirma claramente que se puede estar desnudo y no sentir vergüenza, aunque eso no parece suceder mucho en estos días. La gente aún se desnuda con otra gente, pero después, ambos se sienten avergonzados. En cambio, en la economía de Dios, la desnudez y la ausencia de vergüenza van de la mano. Adán y Eva fueron creados por Dios. Él mismo los unió. Él sabía todo acerca de ellos. Adán y Eva no tenían problemas de vestuario. No tenían problemas con su imagen corporal. Estaban en plena comunión con Dios. Pero entonces entró el pecado en la historia, y las cosas cambiaron.

En Génesis 3.9 Dios descendió, como siempre lo hacía, para caminar junto a Adán y Eva cuando la tarde refrescaba. Ese día en particular, no los encontraba, no porque Él no supiera dónde estaban, sino porque ellos mismos no sabían dónde estaban. Dios los llamó: «¿Dónde estás?». Adán le respondió: «Escuché que andabas por el jardín, y tuve miedo porque estoy desnudo. Por eso me escondí» (v. 10).

Eso es precisamente lo que hacemos cuando nos sentimos vulnerables en un mundo quebrantado. Pensamos: «Hombre, no quiero que la gente me vea. Tengo miedo de lo que la gente vaya a pensar si me ven como soy en realidad, así que me voy a esconder. Me voy a encubrir. Voy a usar la armadura de otra persona. No quiero ser vulnerable. No quiero que la gente sepa que no soy tan fuerte como creen que soy. No quiero que la gente sepa que tengo miedo. No quiero que la gente sepa que tengo hambre de aprobación. No quiero que la gente sepa lo inseguro que me siento en estos momentos. Así que voy a encubrir mi vulnerabilidad, porque no quiero que nadie me vea así. Necesito tomarme un trago, porque eso me dará un poco de valor. Eso me va a dar paz». En el momento que nos alejamos de la intimidad con Dios, abandonamos la paz con Dios y un lugar con Dios. Entonces entramos en un ambiente hostil donde nos sentimos avergonzados e indefensos, y nos comparamos con otras personas y sentimos que necesitamos salir huyendo, o escondernos. Hacemos locuras.

Dios quiere que comprendamos que nuestra vulnerabilidad no es lo peor que hay en el mundo. Cada vez que nos sentimos vulnerables, Dios nos invita a correr hacia Él. En 1 Samuel 17, David tenía puesta toda la armadura de Saúl, pero David le dijo a Saúl en medio del versículo 39: «No puedo andar con todo esto; no estoy entrenado para ello». Entonces se quitó la armadura de Saúl. Se desprendió de aquella falsa cubierta. Salió caminando hacia la batalla como quien era realmente él. Y pudo derrotar al gigante porque su seguridad estaba en su intimidad con Dios. Aun así, es posible que David se haya sentido vulnerable, pero no estaba solo. Su Dios era inmensamente más grande que el gigante. Por eso David retó a Goliat en los versículos 45–46: «Tú vienes contra mí con espada, lanza y jabalina, pero yo vengo a ti en el nombre del Señor Todopoderoso, el Dios de los ejércitos de Israel, a quien has desafiado. Hoy mismo el Señor te entregará en mis manos».

Una de las cosas bellas que tiene la palabra vulnerable es que nos permite ver esta promesa…

Vulnerables, pero CAPACES

Con Dios, podemos. Podemos porque Dios puede. Gracias a nuestra vulnerabilidad, somos débiles. Pero gracias a Dios, somos fuertes.

Más adictos a la gracia, por favor

La palabra *vulnerable* nos ofrece otra gran oportunidad. Cuando vemos la primera letra de la palabra, podemos recordar hacia dónde dirigirnos. Esto es lo que te quiero decir: en este capítulo hemos usado la palabra en un sentido negativo; ser vulnerable significa estar abierto a los ataques. Sin embargo, mira ahora la letra V, con la que comienza la palabra. Imagínate que la V está compuesta de dos flechas unidas por la parte posterior. Las flechas señalan hacia arriba, pero en dos direcciones diferentes. Una flecha en un sentido, la otra flecha en otro sentido.

El primer camino representa nuestra decisión de inclinarnos hacia el lado negativo de la vulnerabilidad, y sentirnos incapaces e ineptos. Irnos en este sentido sería avanzar hacia el final de nuestras posibilidades. Queremos escondernos, encubrirnos y conseguir alguna clase de droga que nos ayude a sobrevivir.

El segundo camino representa nuestra decisión de apoyarnos en la persona de Jesús. Cada vez que nos sentimos vulnerables, reconocemos nuestra debilidad, y corremos hacia Él. No tratamos de encubrir nada, ni de limitarnos a sobrevivir. No buscamos algo dañino, en un intento por aliviar nuestra falta de paz, o de obtener un poco de entusiasmo. Nos limitamos a correr hacia Jesús lo más rápido que podamos. En Él encontramos la libertad necesaria para presentarnos «desnudos y sin sentir vergüenza alguna» delante de nuestro Creador amado. Acudimos a Él tal como somos. No nos escondemos. Sin máscara. No fingimos ser algo que en realidad no somos. Jesús nos conoce. Y nos ama. Nos llama hijos e hijas amados. En Jesús, somos perdonados. En Jesús, somos redimidos. En Jesús, somos amados. En Jesús, estamos seguros.

Si hay algo bueno que se puede derivar de nuestras adicciones dañinas, es que nos recuerdan que fuimos creados para ser criaturas dependientes. El pecado nos ensoberbece y nos hace pensar que somos independientes, que tenemos el control de nuestro destino. Sin embargo, hemos sido creados por Dios, y para Él. En nuestra alma hay un vacío del tamaño de Dios, que solo se puede llenar por medio de una relación íntima y real con Jesús.

La adicción no es mala, si reorientamos esa hambre y deseos hacia algo (Alguien) bueno.

¿Cómo es en realidad este correr hacia Jesús cuando nos sentimos vulnerables? Es cuando nos acercamos a Jesús en oración y decimos: «Lo admito, Señor. Soy débil. Soy vulnerable. Esa es la verdad acerca de mí. Jesús. Ahora mismo estoy pasando mal rato, Jesús, me siento muy abierto a los ataques en este momento. Jesús, yo soy débil, pero tú eres fuerte. Por tu gracia puedo vencer». Y Jesús bendice esta honestidad. Bendice esta intimidad con Él. Encontramos gozo, porque Jesús nos abraza tal como somos. Él no nos aparta de sí. Nos acepta en su amor y nos llena de su vida. Intercambiamos nuestra debilidad por su fortaleza. Cuando somos vulnerables, Él es *CAPAZ*.

Así es el ser adictos a la gracia de Dios. Yo intercambio de manera gratuita cualquiera de mis adicciones por mi adicción a Jesús. Claro, yo anhelo la aprobación de la gente. Soy adicto a las preocupaciones. Soy adicto a los temores. Sin embargo, Cristo vive en mí, y gracias a Él, estoy verdaderamente vivo. Gracias a Jesús, mis gigantes han caído. Si trato de cubrir mis debilidades, o acudir a una droga para tratar de sobrevivir, solo sirve para hacerme daño. Destruye la vida que Dios quiere para mí. Pero cuando corro hacia Jesús, experimento su llenura de vida y poder. Intercambio mi debilidad por su fortaleza. Admito libremente que soy un adicto a la gracia: alguien apegado a la persona y obra de Jesús. Me encanta estar con Jesús. Me encanta hablar acerca de Jesús. Me apoyo en Jesús. Confío en Jesús. Me encanta ser lleno del amor de Jesús. Tengo mis esperanzas en Jesús. Vivo para Jesús. Gracias a Jesús, en verdad vivo. Nunca me canso de recibir de Jesús.

Si me preguntas, la iglesia necesita muchos más adictos a la gracia, porque la gracia tiene un nombre, y ese nombre es Jesús. En cualquier iglesia encontramos gente que irá a la peor parte de la ciudad arriesgando su bienestar para conseguir droga que le dañará. Vemos esas historias en las noticias. Estos jóvenes, hermosos, inteligentes, maravillosos de nuestras ciudades, muertos junto al camino por una sobredosis de heroína. Amas de casa llevando una vida doble: vivas en la iglesia, pero muertas en sus adicciones a los analgésicos. Empresarios viviendo vidas de vergüenza: presentes en un desayuno de hombres en su iglesia, pero, siendo infieles a sus esposas. No importa quiénes sean, o de dónde vengan, las personas hacen las cosas más locas para conseguir sus drogas. La respuesta a todo esto es convertirse en adictos a Jesús.

Ser adicto a la gracia es una cosa buena, no mala. Tan pronto como alguien se emociona demasiado con respecto a Jesús, los demás lo comenzamos a llamar «fanático de Jesús», y actuamos como si eso fuera algo malo. Pero lo que necesitamos hoy en la iglesia es tener muchos, muchísimos más fanáticos de Jesús. De esos que digan: «Jesús, tú eres mi única esperanza, y me estoy aferrando a ti por el resto de mi vida».

Jesús murió solo, pero nosotros luchamos en equipo

Es probable que la mentira más grande de todas cuando nos enfrentamos a nuestras adicciones es pensar y decir que podemos ganar la batalla nosotros mismos. Como el pecado, vergüenza, ineptitud y temor nos mantienen encubriéndonos, queremos librarnos en la privacidad de nuestra propia vida. Tenemos miedo a que nos conozcan, a ser sinceros o a ser vulnerables. Pero la CAPACIDAD viene cuando somos sinceros con Dios y con aquellos que nos rodean.

Cuando Jesús llamó a Lázaro a salir de su tumba, él aún no estaba totalmente libre. Milagrosamente, había vuelto a la vida, pero seguía atado en las vendas de lino con las que habían envuelto su cuerpo cuando murió. Lázaro salió de la tumba tambaleando al oír la orden de Jesús, pero entonces, Jesús le dio instrucciones a las personas:

«Quítenle las vendas y dejen que se vaya». (Juan 11.44)

¿Cuántas veces has sentido algo poderoso en el corazón y le has prometido a Dios que todo va a cambiar? En un momento de sometimiento, has jurado que nunca volverás a usar tus drogas. Estabas convencido de que vivirías de manera diferente a partir de ese momento. Pero las capas de conducta adictiva aún te tenían encerrado en un capullo de derrota, y mucho antes de lo que creías, tus promesas se iban por el desagüe.

«¿Qué sucedió?», te preguntas. «¡Si yo creí que ese gigante ya estaba *muerto*!». Gracias a Cristo, el gigante sí está muerto. Y aún más, tus intenciones eran fuertes. No fue tu deseo lo que te falló. No fue tu plan lo que fracasó. Tu plan era mantener las cosas en secreto. No hablar de eso con nadie. Arreglar tú solo tu situación. Mantenerlo todo oculto.

Sin embargo, la libertad se produce en la luz. Jesús es la Luz del Mundo, y es Él quien obra con el mayor de los poderes en nosotros cuando ponemos nuestro quebranto y nuestro sufrimiento, nuestro pecado y nuestras drogas, bajo la luz de su gracia. Si no lo hacemos, podremos engañar a los que nos rodean, pero ellos nunca nos conocerán verdaderamente. Este ciclo de nunca ser conocidos nos empuja cada vez más hacia el vórtice de nuestra vida encubierta, y nos convierte en anémicos. No queremos recibir el «golpe» de decir las cosas como son en realidad, o tal vez, para empezar, no queremos admitir que tenemos una adicción. Pero al final, nos quedamos aislados por nuestra incapacidad de abrirnos al amor de Dios y a la ayuda de los demás.

Quedas libre en Cristo en el mismo instante en que pones tu confianza en Él. Pero puede que necesites pedir a quienes están cerca de ti que te ayuden a quitarte las vendas que te tienen atado. La ayuda externa puede ser rehabilitación. O puede tomar la forma de una consejería. Seguramente requerirá rendición de cuentas dentro del contexto de la amistad, un amor rudo mezclado con gracia que no te va a dejar hundirte en ese pozo vacío otra vez.

Mientras no estés dispuesto a encontrar un grupo de ayuda y rodearte de un ecosistema de apoyo, el gigante seguirá moviéndose a sus anchas, y tú nunca serás ni conocido, ni libre. Haz todo lo que sea necesario para entretejer tu vida en un sistema de apertura, sinceridad y rendición de cuentas. Hasta que aceptes ser visto como alguien necesitado o débil, nunca podrás caminar en verdadera fortaleza.

Cuando soy débil, entonces soy fuerte

———

Pablo escribió unas palabras poderosas en 2 Corintios 12.7–10. Fue capaz de escribirlas porque primero hizo una confesión acerca de su debilidad específica.

> Para evitar que me volviera presumido por estas sublimes revelaciones, una espina me fue clavada en el cuerpo, es decir, un mensajero de Satanás, para que me atormentara. Tres veces le rogué al Señor que me la quitara; pero él me dijo: «Te basta con mi gracia, pues mi poder se perfecciona en la debilidad». Por lo tanto, gustosamente haré más bien alarde de mis debilidades, para que permanezca sobre mí el poder de Cristo. Por eso me regocijo en debilidades, insultos, privaciones, persecuciones y dificultades que sufro por Cristo; porque, cuando soy débil, entonces soy fuerte.

Este es el cuadro. Pablo hizo una serie de cosas asombrosas para Cristo. Pero para que no se llenara de orgullo, Dios permitió una espina en su carne. No sabemos con exactitud qué era esa espina, pero era algo conflictivo. ¿Tendría una enfermedad? ¿Sería su soltería? ¿Eran dificultades en la vista? ¿Era alguien que siempre lo estaba molestando? Los teólogos debaten en cuanto a qué era exactamente. Sin embargo, lo que sí sabemos es que Dios permitió que lo molestara.

Y ahoras dices: «Okay. Me perdiste. ¿Por qué le pondría Dios una espina a alguien en su carne? ¿Acaso el plan de Dios no consiste en bendecirme y no maldecirme, en darme un futuro y una esperanza?». Sí, así es. Cuando Dios permitió aquella espina en la carne de Pablo, no estaba tratando de lastimar a Pablo. Dios quería hacer a Pablo más fuerte. Estaba tratando de ayudar a Pablo a comprender que la fuente de poder que tenía a su disposición era mucho mayor de lo que creía. Por supuesto, Pablo no quería tener esa espina ahí. Tres veces oró a Dios que se la quitara. Sin embargo, Jesús le contestó: «Te basta con mi gracia, pues mi poder se perfecciona en la debilidad».

Ese es un ejemplo de cómo la debilidad puede ser en nuestra amiga. En realidad, la vulnerabilidad puede ser un recurso al caminar con Dios en el valle de Elá (o cualquiera que sea nuestro valle específico). Por eso Pablo dijo: «Gustosamente haré más bien alarde de mis debilidades». Ese es el camino de la V que Pablo escogió. No estaba tratando de esconder su debilidad de nadie. No andaba en busca de una droga que le entumeciera los sentidos. En lugar de todo esto, hacía alarde de sus debilidades, para que el poder de Cristo reposara sobre Él. Todo el que ha hecho algo grande para Dios, tenía alguna forma de debilidad. Todos los grandes hombres y mujeres de fe cojean, y los porqués de su cojera se encuentran por todas partes en las Escrituras.

- Jacob luchó con Dios, y quedó cojo para el resto de su vida. Sin embargo, se convirtió en el padre de las doce tribus de Israel.

- Pedro se echó atrás bajo presión. Negó fuertemente a Jesús. Sin embargo, Jesús lo levantó e hizo de él un ancla de su iglesia.
- Juan fue lanzado al exilio en la isla de Patmos. Allí vivió el resto de su vida trabajando como esclavo en una cantera de piedra. Pero Jesús lo levantó. Vio destellos del cielo y escribió el libro de Apocalipsis.
- Pablo fue cegado en su primer encuentro con Jesús en el camino de Damasco. Sin embargo, Jesús lo levantó y terminó escribiendo una gran parte del Nuevo Testamento.
- Una corona de espinas perforó la frente de Jesús. Fue azotado y crucificado en una cruz entre dos ladrones. Sin embargo, Dios Padre lo levantó de muerte a vida. Las gotas de sangre de la frente de Jesús nos dieron la libertad a ti y a mí.

Dios nunca abusaría de nadie, pero sí permite que haya en nuestra vida cosas que nos aguijoneen el costado. Pero es solo para que podamos estar en una posición en la que experimentemos más el poder de Dios. Una de las partes de 2 Corintios 12.10 que con mayor frecuencia se citan erróneamente es la última linea. Pablo dice: «Porque, cuando soy débil, entonces soy fuerte». Tal vez pienses que lo leíste de una manera equivocada. Siempre lo hemos escuchado de esta manera: «Porque cuando soy débil, entonces *Dios* es fuerte». Eso es cierto. Dios es fuerte. Pero Pablo dice: «Yo».

Yo soy fuerte. Yo soy fuerte, porque el poder de Cristo vive en mí.

¿Quieres ser fuerte? ¿Quieres ser un estudiante más fuerte, un esposo más fuerte, una esposa más fuerte, un padre más fuerte, un empleado más fuerte, un líder más fuerte? ¿Quieres ser un fundador de iglesia más fuerte? Entonces, celebra tu debilidad al admitir tu vulnerabilidad. Deja que Jesús te abrace tal como eres. Deja que Él te acepte en su amor. Deja que Jesús infunda su fortaleza en tu vida. Permítele que te dé el poder necesario para intercambiar tu debilidad por su fortaleza. Entonces caminarás sobre aguas sobrenaturales. Entonces Jesús te invitará a hacer cosas que por ti mismo no podrías hacer. El poder vendrá de Dios. Y, sin embargo, eres tú quien tendrá ese poder.

Y vas a necesitar un plan para la batalla.

CAPÍTULO 8

Una mesa en su presencia

—

El giro inesperado que da la trama de este libro es que Jesús es David en la historia de David y Goliat.

Es irónico, porque el gigante llamado Goliat fue derribado por un pastorcito llamado David. Irónico, porque a lo largo de las Escrituras Jesús se describe a sí mismo muchas veces como nuestro Pastor. Y nos promete dirigirnos, guiarnos y protegernos, no en ausencia de nuestros enemigos, sino *en la presencia de nuestros enemigos*. Esa es la ironía: el resultado es lo opuesto de lo que se espera. Mientras nosotros estamos orando algo como: «Dios mío, sácame del valle de Elá», Dios nos deja allí, pero nos envía un Pastor que nos libere, en medio mismo de la pelea.

Las palabras del propio David en el salmo 23 son las que mejor describen a ese Pastor, y lo que Él nos promete en este momento.

El SEÑOR *es mi pastor, nada me falta;*
en verdes pastos me hace descansar.
Junto a tranquilas aguas me conduce;
me infunde nuevas fuerzas.
Me guía por sendas de justicia
por amor a su nombre.
Aun si voy por valles tenebrosos,
no temo peligro alguno
porque tú estás a mi lado;
tu vara de pastor me reconforta.
Dispones ante mí un banquete
en presencia de mis enemigos.
Has ungido con perfume mi cabeza;
has llenado mi copa a rebosar.
La bondad y el amor me seguirán
todos los días de mi vida;
y en la casa del SEÑOR
habitaré para siempre.

Hay muchísima esperanza para nosotros en este salmo; además, observa cómo el Pastor nos da lo que necesitamos justo en medio de la pelea. El versículo 5 nos dice que Dios quiere desplegar un festín de provisión delante de nosotros en la presencia misma de nuestros enemigos. Mientras la presión y las tinieblas son cada vez mayores, mientras nuestros gigantes siguen de pie y se burlan de nosotros, Jesús nos quiere mostrar que Él nos puede proveer todo cuanto necesitamos para sobrevivir y para realizar con éxito nuestro viaje a través del más tenebroso de los valles.

La mayoría de nosotros, si hubiéramos podido contribuir al contenido del salmo 23, habríamos preferido que el versículo 5 dijera: «Él prepara una mesa delante de mí en *su* propia presencia». Queremos salir del horno lo más pronto posible. Pero es interesante que Dios no nos promete que pulsará el botón de «Expulsar» cada vez que estemos rodeados de dificultades, pruebas y desafíos. Él nos promete algo que es aún más poderoso e imponente. Justo en medio de la lucha, a vista plena de lo que nos está amenazando, nuestro Pastor pone delante de nosotros una mesa repleta de provisiones. Es una mesa para dos. Un asiento es para ti, y el otro es para el Dios que está a tu favor.

Estas son buenas noticias si sabes que estás en medio de una batalla. Y si sientes que tu gigante tiene la ventaja.

1 Pedro 5 describe a Satanás como un enemigo que «ronda como león rugiente, buscando a quién devorar» (v. 8). Observa que, en realidad, él no es un león, solo ruge como los leones para intimidarte. El diablo quiere que pienses que él es quien tiene el control de la situación. Quiere hacer que te sientas indefenso y sin esperanza. Quiere que cedas ante la tentación de creer que las cosas nunca van a cambiar. Pero tal como lo hemos visto, él es el que está derrotado. Sus días están numerados. Su cabeza ha sido cortada.

De hecho, Jesús es el León de Judá. Su rugido es el que gobierna a las naciones. Su voz destruye al enemigo. Pero por un breve tiempo, la guerra espiritual sigue ardiendo en el planeta Tierra, y Satanás ronda, ruge y busca alguna rendija, alguna grieta, a través de la cual se pueda insertar en nuestra mente, y, por tanto, en nuestras situaciones. Si no lo detienes, será él quien se sentará a tu mesa.

Eso me recuerda una hermosa noche que se volvió sumamente incómoda, hace algunos años cuando Shelley y yo disfrutábamos una cena agradable en un restaurante de Londres. Ella acababa de cumplir años, y estábamos celebrándolo en un lugar del West End que nos encanta. Después de una breve espera, nos llevaron a una «mesa de cuatro», una mesa donde se podían sentar cuatro personas. De manera que allí estábamos los dos, y había dos sillas vacías.

Cuando llevábamos cerca de veinte minutos cenando, un joven que se marchaba del restaurante pasó junto a nuestra mesa, miró, volvió a mirar y regresó para saludarnos. Nos reconoció de una reunión en la que yo había hablado unos meses antes en Chicago. Nos sentimos genuinamente felices de conocerlo y de escucharle relatar cómo nuestras vidas se habían encontrado dentro del gran plan del reino de Dios. Pero nos quedamos sorprendidos, porque no estábamos preparados para lo que sucedió después.

Alrededor de cinco minutos después de nuestra breve charla, él regresó al restaurante, se fue hasta nuestra mesa, tomó una de las sillas vacías que había frente a nosotros y se sentó. Antes que yo pudiera parpadear, él estaba cómodamente sentado, con los dos brazos sobre la mesa, inclinado hacia delante con una inmensa sonrisa. De forma impetuosa nos anunció que él creía que era asombroso que Dios nos hubiera conectado, y que esperaba que no nos molestara que se nos uniera por el resto de la noche.

¿Cómo?

Yo comprendía por completo lo que tenía en el corazón (el vio esto como una señal evidente de parte de Dios que debíamos discutir algo que él había estado deseando hablar conmigo durante meses), pero ahora yo me encontraba en un aprieto. Se suponía que esa noche sería una noche especial, solo para Shelley y para mí. Pero ahora éramos tres en nuestra cena de celebración, aunque estaba claro que la reservación era *solamente* para dos.

Yo le mencioné que era el cumpleaños de mi esposa y que lo estábamos celebrando, con la esperanza de que eso le hiciera darse cuenta de la situación.

Nada.

Miró a Shelley y le dijo: «Magnífico. ¡Feliz cumpleaños!».

Entonces volvió a fijar la vista en mí, y comenzó lo que entendí que sería una larga conversación.

Observé en mi espíritu para ver si Dios quería que tuviéramos aquella conversación en ese momento. Después le tuve que pedir delicadamente a nuestro nuevo amigo que nos permitiera continuar solos con nuestra cena. Vergonzoso.

Por favor, comprende que la razón por la que te relato esta historia no es si el joven de Londres tenía buenas intenciones o no. En todo momento fue tan cortés como se es posible, y nos sentimos agradecidos de haberlo conocido (aunque no estuviéramos en posición de tener una cena especial juntos). Te la relato para ayudarte a ver la rapidez con la que el enemigo puede arrimar una silla a la mesa que Jesús ha preparado para ti. Con una gran sonrisa y con toda la seguridad del mundo, el enemigo entra en el momento que estás viviendo y, antes de que te des cuenta, vas a estar sosteniendo una conversación con un matón. Él está sentado a tu mesa. Y si está sentado a tu mesa, entonces es probable que lo primero que te diga es que Dios no es bueno, y que no puedes confiar en Él. Como hemos visto ya en este libro, eso es lo que Satanás dijo en el huerto en el primer día. Socavó el carácter de Dios e hizo que Eva pensara que se estaba perdiendo algo mejor, algo que Dios le estaba negando.

En medio de tu pelea, es probable que el enemigo utilice esta daga: *si Dios es tan bueno, ¿por qué tu vida está llena de tantas dificultades y sufrimientos?*

Esa pregunta toma terreno en tu vida, porque todos tenemos que lidear con dolor verdadero. El dolor es algo universal. Todas las personas sienten dolor. El dolor es dolor es dolor. Y el dolor siempre es válido para la persona que lo siente. Nuestros corazones están genuinamente quebrantados, y en nuestro sufrimiento, es común que no reaccionemos del todo bien a la lógica, de modo que caemos en las mentiras del enemigo que está sentado entre nosotros.

En las Escrituras leemos que Dios es bueno. Eso es lógico, y estamos de acuerdo. En nuestro corazón, sabemos que Dios es quien tiene todo bajo su control. Sí, estamos de acuerdo. Sabemos que «Dios dispone todas las cosas para el bien de quienes lo aman, los que han sido llamados de acuerdo con su propósito» (Romanos 8.28). No tenemos ningún problema con eso. Creemos que Dios redime todas las cosas, y que un día dejaremos de sufrir. Claro. Un día, toda la injusticia se convertirá en justicia. Un día toda tristeza será reemplazada por regocijo. Y todo eso está muy bien. Sin embargo, el problema es que, a pesar de saber todas esas cosas, no podemos avanzar. Sencillamente, no podemos aceptar que Dios esté a nuestro favor, atravesando el valle con nosotros. Sabemos la verdad, pero la lógica por si sola no nos convence que la verdad nos hará libres. O si respondemos a la lógica, entones cometemos el error de escuchar solo con nuestros oídos, en lugar de escuchar con el corazón.

¿Qué podemos hacer?

Todo se resolverá

En este capítulo, quiero ensamblar todas las cosas para nuestro beneficio. Quiero seguir usando la lógica de la Biblia, porque todo lo que es bueno se encuentra en esa lógica bíblica. Y quiero ver si puedo ayudar a algunos a llegar al punto en el cual la verdad penetra en todos los aspectos de nuestro ser: nuestra mente, corazón, alma y vida. Algún tipo de gigante se está burlando de nosotros. En nuestra vida hay alguna clase de sufrimiento. Algún tipo de caos le está robando la gloria de Dios a nuestra vida e impidiendo que llevemos esa vida abundante que Dios nos invita a vivir. Así que, ¿cómo llegamos del punto A al punto B? ¿Cómo le hacemos para dar la vuelta a las cosas y asegurarnos de que nuestros gigantes verdaderamente caigan?

En primer lugar, decidimos aquí y ahora que no le vamos a permitir al diablo sentarse a nuestra mesa. Nuestro Pastor prepara una mesa delante de nosotros y en presencia de nuestros enemigos, y somos nosotros quienes decidimos quién se sienta a ella y quién no. Por el poder del Espíritu Santo, tenemos el derecho de decidir quién se nos une en esa comida especial y quién puede participar de ese momento de comunión.

Hace algunos años, yo estaba pasando por una temporada estresante en mis relaciones. Le envié un mensaje de texto a un buen amigo para desahogarme con él sobre mi frustración acerca de algo que había sucedido. Algo que había sido dicho acerca de mí. Después de un párrafo de mi texto de *pobre de mí*, recibí una respuesta de una sola línea:

No le des al enemigo un asiento a tu mesa.

¡Vaya! Eso prácticamente fue el final de la conversación. Sentí convicción y seguridad al mismo tiempo. Convicción, porque el mensaje que yo acababa de escribir era un recuento de la basura que el enemigo me había estado diciendo. Y seguridad, porque en Cristo, yo tenía la posibilidad de correr al enemigo de mi mesa. Yo era el único responsable de haber estado entreteniendo sus pensamientos. Y yo tenía el poder para ignorarlos.

Ese es el tema de este capítulo. Quiero que detengamos las noticias negativas. Que no dejemos que el diablo nos siga hablando. Que detengamos el dolor de la urgencia y nos sentemos a la gran mesa de Dios. Nos sentaremos y estaremos quietos, y simplemente dejaremos que el aliento de nuestro Padre celestial sople en nosotros. Él es quien nos invita a acudir a Él cada vez que estamos fatigados y cargados. Él es quien nos da el descanso (Mateo 11.28). Cuando vemos la vida de Jesús, vemos que, en ocasiones, Él le enseñaba de forma directa a la gente, pero también iba más allá de la enseñanza directa para ayudar a sus oyentes a entender y aterrizar esas ideas. Hoy en día, Él sigue haciendo lo mismo. Le habla a la totalidad de nuestra mente, corazón, alma y vida.

Cuando lo haga, estas son mis palabras de aliento para ti:

No le des al enemigo un asiento a tu mesa.

———

Pero, ¿cómo sabes si el enemigo está sentado a tu mesa? La mayor parte de sus mentiras están en cuatro grupos.

1. Si el enemigo está sentado a tu mesa, piensas que no vas a salir adelante.

Recuerda, según el salmo 23, la mesa está en la presencia de tus enemigos, y no en ausencia de tus rivales. Así que el diablo va a hacer que la cabeza te dé vueltas y te recordará que estás rodeado. Cuando hace esto, te dice: *Vas a fracasar. Las cosas no van a terminar bien para ti. Estás arruinado. Nunca vas a regresar a donde estuviste en el pasado. Nunca vas a ganar esta pelea. Nunca vas a ser libre. Ya deja de creer toda esa palabrería de que «mi gigante está muerto». Date por vencido. Estás acabado.*

Pero recuerda que el salmo dice que tienes un Señor que es tu Pastor, que ha preparado una mesa para dos. Deja que el Pastor te hable. Aférrate a sus palabras y deja que te penetren. Observa que David escribió: «si voy *por* valles tenebrosos». Él sabía que su futuro no era quedarse atascado en medio del valle, sino que su Pastor lo guiaría a atravesar hasta el otro lado. Va a haber verdes pastos, aguas tranqilas, y descanso para su alma en el otro lado. Y hay una mesa de provisión con todo lo que necesitaba en medio de la batalla.

No vas a morir en este lugar estéril y derrotado. Y si piensas que vas a morir allí, entonces te animo: no le des al diablo un asiento a tu mesa.

2. Si el enemigo está sentado a tu mesa, entonces piensas que hay algo mejor en otra mesa.

Él te tienta con pensamientos como estos:

Mira hacia allá.

Oye, la fiesta está en esa otra mesa.

Está mucho más divertido allá.

Te está yendo muy mal en esta mesa.

Aquello es lo que te va a hacer que se vaya tu dolor.

Estar en otra mesa definitivamente te hará sentir mejor.

Dios te dejó en el valle de tinieblas. ¡Abandónalo y vete a hacer lo que se te dé la gana!

Satanás quiere la gloria de Dios. Se niega a honrar al Todopoderoso y ataca a todo aquel que pueda engañar, en un esfuerzo por herir al corazón mismo de Dios. Él no solo quiere hacerte daño a ti; él quiere opacar la gloria de Dios, porque nosotros fuimos creados a la imagen de Dios con un propósito y una promesa extraordinarios. Tú eres la posesión más preciada de Dios. Si Satanás te puede apuñalar el corazón, puede romper el corazón de Dios.

No hay nada mejor en tu horizonte que Jesús. Cualquier cosa que te quieran vender que trate de convencerte de lo contrario es una mentira hueca. Jesús está comprometido a darte lo mejor, y nunca va a negarte lo que es bueno.

Si te sientes tentado a abandonar a tu Pastor (o en estos momentos ya estás en otra mesa), entonces te animo: no le des al diablo un asiento a tu mesa.

3. Si el enemigo está sentado a tu mesa, sientes que no eres lo suficientemente bueno para Dios.

El enemigo te tienta con pensamientos como los siguientes:

Tú no eres importante.

Tú nunca le has importado a nadie.

Tú no le importas a Dios.

Tú no te mereces estar a la mesa con Dios.

Dios ya no te ama. En realidad, nunca te ha amado.

Estás demasiado alejado de Dios. Dios no quiere saber nada de ti. No tienes manera de regresar.

Sin embargo, el contexto del salmo 23 nos ayuda a ver que en el momento en que fue redactado, la palabra *mesa* significaba «banquete». Solo gente prominente, importante, se podía dar el lujo de organizar un banquete. Y la gente importante solo invitaba a otras personas importantes a su mesa. Así que, cuando Dios prepara una mesa para ti, significa que pone el mantel de lujo (todo lo que necesites para sobrevivir espiritual, mental y emocionalmente) y te invita a cenar con Él. Te invita porque le importas. Te invita porque Él ya ha dado todo por ti.

Jesús nos da una promesa similar en Juan 10.11: «Yo soy el buen pastor. El buen pastor da su vida por las ovejas». Los sentimientos te dirán que no eres importante… que no le importas a nadie. Sin embargo, la cruz de Jesús interrumpe esa historia defectuosa con la mayor exhibición de valoración que tú vas a recibir en toda tu vida. Tú no eres invisible. Eres visto y valorado por el Dios del universo.

Si has llegado a pensar diferente, permíteme animarte: no le des al diablo un asiento a tu mesa.

4. Si el enemigo está sentado a tu mesa, piensas que todo el mundo te quiere hacer daño.

Aunque es legítimamente posible que alguien en tu familia, o trabajo, o escuela, ande diciendo cosas malas de ti que no son ciertas, y haciéndote menos en alguna manera, la paranoia usualmente procede del mismo abismo del infierno.

¿Acaso el enemigo te ha estado diciendo cosas como estas?

No le caes bien a nadie.

Todo el mundo está en tu contra.

Todo el mundo está hablando mal de ti a tus espaldas.

Están conspirando para eliminarte.

Debes cuidarte la espalda.

Tengo una pregunta para ti: si el buen Buen Pastor nos guía, y si su bondad y su amor nos siguen durante todos los días de nuestra vida, ¿entonces por qué nosotros, que somos sus ovejas, tendríamos la necesidad de cuidarnos la espalda? Esa clase de pensamientos no viene del Pastor, sino del enemigo que acampa en nuestra mesa. La paranoia alimentada por el enemigo causa que asumamos una postura defensiva, creyendo que todo el mundo está tratando de acabar con nosotros. Pronto, esto se convierte en una profecía que se cumple sola, porque desconfiamos y atacamos a todos los que nos rodean.

No le des al enemigo *un asiento* a tu mesa.

Pensamos: *Es mejor que yo acabe con ellos, antes de que ellos acaben conmigo.* Y con los puños cerrados, y con ojos de sospecha que convierten todas las miradas en furia, y toda vez que sin mala intención alguien no nos presta atención, en un odioso desaire, comenzamos a vengarnos del mundo. Pronto vamos a ir en caída libre de difamación que es totalmente contraria al evangelio de la gracia, el cual nos da fortaleza para amar a nuestros «verdaderos» enemigos y poner la otra mejilla.

¿Por qué habríamos de volver la otra mejilla?

Porque estamos sentados a la mesa con el Creador del mundo. Aunque «todos» estuvieran en nuestra contra (y por lo general no lo están), la mesa de Cristo nos proporciona todo lo que necesitamos para atravesar esta temporada de la vida, prosperando ante la vista del enemigo.

Dios quiere que nos concentremos menos en quién nos está rodeando, y que nos concentremos más en el hecho de que Él está sentado con nosotros. Su presencia en nuestra mesa es mayor que la presencia de cualquier enemigo que nos rodee.

Dios cuida tus espaldas.

Si sientes que estás en una lucha contra personas que conoces, te quiero animar: no le des al diablo un asiento a tu mesa.

Ora y sigue adelante

Sí, nuestros gigantes pueden caer. De hecho, nuestros gigantes *deben* caer, el punto de este libro. Es una orden. El plan de Dios para nuestra vida va mucho más allá de las circunstancias que haya en nuestros días. Nuestros gigantes ya han caído, porque Jesús los ha hecho caer. Por eso deben caer también hoy. Es un concepto un poco complicado, ¿no es cierto? Es complicado porque necesitamos lidiar con esta realidad del ya pero todavía no. Nuestras serpientes están muertas, pero siguen retorciéndose. Satanás ha sido derrotado en la cruz, pero el diablo sigue acechando.

Nuestros gigantes se siguen burlando de nosotros, así que necesitamos sostenernos en lo que Dios ha dicho: que Él ya es el vencedor. Necesitamos creer que nuestro dolor se puede superar. Necesitamos recordar que esos gigantes no tienen por qué seguir siendo gigantes.

Esto es verdad, sin importar nuestra etapa de crecimiento espiritual. Es fundamental que vivamos en la obra terminada que Jesús ha hecho a nuestro favor. Algunos no han caminado mucho tiempo con Jesús y eso está bien, porque Jesús te invita a seguir adelante. Algunos aún están descubriendo quién es Jesús, y son totalmente nuevos en todo esto; eso también está bien. Jesús dice: «¡Yo quiero que seas libre!». Otros ya son creyentes maduros. Están caminando con el Señor. Están llenos de enseñanzas sólidas. Has ido a muchas reuniones en tu vida. Has estado en conferencias y retiros, has leído muchos libros y has visto muchas series de enseñanza en video. Quieres seguir adelante en tu relación con Jesús. Muy bien. No importa en qué etapa estemos, es vital que no le permitamos al enemigo afianzarse en nuestra vida. ¿por qué?

Porque algún pecado o adicción puede verse pequeño al principio. Pero cinco o diez o quince años más tarde, hay un gigante enorme en nuestras vidas con el que tenemos que luchar. Hemos cometido el error a lo largo del camino de darle espacio a nuestros gigantes. Hemos permitido que las palabras falsas del gigante nos hablen y nos desmoralicen. Hemos dicho: «Dios podrá hacer todo lo demás en el mundo, pero no sé si puede derribar a este gigante». El título de este libro es específicamente *Goliat debe caer*, y el énfasis mayor está en la palabra *debe*. Se trata de un decreto. Dios quiere que vivamos libres de la voz desmoralizadora de ese gigante, y como Dios quiere recibir gloria en nuestras vidas mostrándole al mundo que Él es mayor que todo lo que enfrentamos en nuestras vidas, entonces ese gigante tiene que caer.

Tu invitación es a orar y seguir adelante y a escuchar la voz de Jesús. Escucha la voz de tu Pastor. No sé cuál específicamente es tu gigante, así que cada aplicación va a variar, dependiendo de tu situación específica y del poder del Espíritu Santo en tu vida. Pero puedes estar seguro que tu gigante tiene que caer. Ya no mas acomodarlo. No más excusas. Ha llegado ya el momento.

Veamos cómo se ve cuando el Pastor te guía.

1. Asegúrate de estar vivo espiritualmente.

Necesitamos asegurarnos de que realmente tenemos a Jesús en nuestra vida. Es así de sencillo. Juan nos lo explica: «El que tiene al Hijo, tiene la vida; el que no tiene al Hijo de Dios, no tiene la vida» (1 Juan 5.12). ¿Sabes si realmente tienes a Jesús en tu vida? Diciéndolo de otra manera, ¿es Jesús tu Pastor? ¿Eres una de sus ovejas? Él dice: «Mis ovejas oyen mi voz [...] y [...] me siguen» (Juan 10.27). Si no es así, ¿por qué no decidir aquí mismo seguir a Jesús, ahora mismo, hoy?

Al seguir a Jesús, nos damos cuenta de que no estamos a la altura de la gloria de Dios. Dios es perfecto, y no puede tener relación alguna con el pecado, de manera que inicialmente, nos hallamos separados de Él. La muerte espiritual se ha adueñado de nosotros. Pero la buena noticia es que: Jesucristo vino a la tierra. Nació en Belén, como cualquier otro bebé. Vivió en la tierra durante treinta y tres años. Fue crucificado. Definitivamente murió. Fue sepultado en una tumba prestada. Y después, también definitivamente, volvió de nuevo a la vida, y todo esto para que nosotros podamos tener vida. Dios ama tanto al mundo, que nos entregó a su Hijo único. Todo el que crea en Jesús no perecerá, sino que tendrá una vida abundante y eterna (Juan 3.16).

«¿Qué tengo que hacer para ser salvo?», les preguntó el carcelero de Filipos a Pablo y Silas (Hechos 16.30). Es una gran pregunta, una que la gente sigue haciendo hasta el día de hoy. La respuesta sencilla está en las Escrituras: «Cree en el Señor Jesús; así tú y tu familia serán salvos», le dijo Pablo (v. 31). Es así de directo. Sin embargo, esta clase de fe va más allá de una simple aceptación mental de que algo es cierto. Es poner toda tu confianza en Jesús para que él sea todo lo que él dice que puede ser en tu vida.

¿Queremos que caigan los gigantes que hay en nuestra vida? Depositar nuestra confianza en Jesús como Salvador y Señor es el primer paso para tener una relación con un Jesús resucitado que está vivo, da vida y se comunica con nosotros; un Jesús que nos ama y cuida de nosotros, y se halla íntimamente involucrado en nuestra vida. Así es como comenzamos a depender de Él. Así es como los gigantes caen. Nos aseguramos de estar espiritualmente vivos. Regresamos al evangelio y nos reunimos en torno a la cruz. Reconocemos que Dios nos está buscando con una incansable pasión. Nos está expresando su insondable amor por medio de la misericordia, la gracia y el perdón que hay en la cruz de su Hijo Jesucristo. Somos llamados a responder a esto, y a seguir a la persona de Jesús.

¿Ya lo has hecho? Si no lo has hecho, hazlo ahora mismo. Ora esta oración conmigo:

«Señor Jesús, Dios Todopoderoso, por favor sálvame de mis pecados.

Yo no estoy a la altura de tu gloria.

Pero no quiero que siga habiendo más distancia entre tú y yo.

Creo que tú diste tu vida en la cruz para pagar por mis pecados.

Creo que resucitaste de la tumba en victoria.

Por favor perdóname de todos mis pecados.

Purifícame de toda la culpa y vergüenza de ellos.

Jesús, hazme estar vivo en ti.

Te recibo como mi Salvador y Señor,

Y te quiero seguir todos los días de mi vida.

Gracias por haberme encontrado y salvado.

Yo lo creo. Y lo recibo.

Amén».

2. Deja que el Pastor te guíe día tras día.

Permitir que Dios guíe nuestra vida parece contrario a la intuición de nuestro estado natural. Todos creemos que somos bastante buenos en gobernarnos a nosotros mismos y fijar el curso de nuestra propia vida. No nos agrada que otros nos traten de supervisar y nos sugieran maneras de vivir nuestra vida con mayor felicidad, salud y paz.

Sin embargo, las imágenes del salmo 23 no son un halago para ti y para mí. Que se hable de nosotros como ovejas no es un cumplido. Por naturaleza, las ovejas no son precisamente las criaturas más inteligentes, y no les va bien en la vida sin supervisión y guía.

Observa lo primero que hace el Pastor en este salmo: nos hace descansar en verdes pastos. Normalmente no nos gusta que nos digan qué tenemos que hacer. Sin embargo, nuestro Dios bueno nos va a indicar que hagamos muchas cosas. Él no está buscando el control ni el poder sobre nuestra vida. Está tratando de guiarnos hacia aquello que realmente satisface.

La libertad de nuestros gigantes comienza con humildad ante Dios. A diario, acudimos a Él y admitimos que necesitamos su ayuda. Exhalamos nuestra incapacidad e inhalamos su suficiencia absoluta. Conectamos los senderos de nuestra vida a su voz y le pedimos que nos guíe a través del valle hasta llegar al otro lado.

Hace algunos años, mi amigo Marc y yo salimos dispuestos a escalar el monte Matterhorn. Aunque no teníamos experiencia en escalar montañas, ni conocimiento de que la montaña que habíamos escogido era una de las montañas más peligrosas, llegamos al pequeño poblado de Zermatt, en Suiza, sintiéndonos muy seguros. En mi interior, yo sabía que no me había ido del todo bien en nuestro régimen de entrenamiento, pero de alguna forma, las cosas siempre parecían salirme bien, así que asumí que así sería también esta vez. Eso fue antes de verme cara a cara frente a la montaña. Mi pensamiento fue: *¿Cómo vamos a poder escalar nosotros esa cosa?*

Después de una semana de estarnos acostumbrando a la altura y de recibir más entrenamiento, los guías de alpinismo suizos nos permitieron proseguir. Yo aún me sentía inquieto, aunque el guía que nos estaba entrenando nos decía continuamente: «No se preocupen. Solo es una "caminata hacia arriba". Vamos a ir muy lento, así que todo lo que ustedes necesitan hacer es poner un pie delante del otro».

Me sentía seguro con aquellas palabras, y me las repetía una y otra vez.

Jesús derrotó a nuestros gigantes con un golpe mortal en la cruz. Destruyó el poder de ellos cuando se desprendió con fuerza de las garras de la muerte. La forma en que nosotros caminamos en esa libertad es así, creyendo cada día que Él nos va a guiar mientras que a nosotros nos toca solamente poner un pie delante del otro. La mayoría de las veces en nuestra vida, el poder no está en un inmenso salto, sino en la sucesión de mil diminutos pasos.

3. Confía en Él e inclínate hacia Él.

Ya hemos hablado de depender en que Jesús mate a los gigantes por nosotros. Nuestra responsabilidad consiste en apoyarnos en Él. Es una situación «dual». Jesús ya logró lo que va a hacer. Nosotros aún estamos en el proceso, así que Jesús está procesando su victoria a través de nosotros. Sí, Jesús es quien hace la verdadera obra, y nosotros somos los que confiamos en que Él la está haciendo. Y sí, estamos de acuerdo con Él. Alineamos

UNA MESA EN SU PRESENCIA

nuestra voluntad con la suya. Eso significa que le seguimos. Oramos para que caigan los gigantes en el nombre de Jesús, y actuamos como si ya hubieran caído.

Siempre debemos combinar el «apoyarnos» con el «confiar». Jesús aún está llevando a cabo su obra terminada en el proceso de nuestra obra. Esa es la belleza de una gran palabra teológica llamada «santificación». Es Dios obrando a través de nosotros lo que Él ya ha realizado. Es Dios perfeccionando *en* nosotros lo que Él ya ha perfeccionado *para* nosotros. Por tanto, todo camino de cambio exige que nuestra voluntad actúe en combinación con el poder del Espíritu Santo. El surfista debe remar en la misma dirección que lleva la ola. La ola es la que hace el trabajo de llevar al surfista de vuelta a la orilla, pero el surfista se debe entregar al poder de la ola y remar en la misma dirección que ella.

Mientras remas en la misma dirección que la ola del Espíritu de Dios, puede haber una serie de acciones concretas que tengas que realizar. Tal vez necesites la ayuda de un consejero profesional. Quizá el problema se pueda resolver mejor dentro de un grupo de amigos de confianza, como en un grupo comunitario en tu iglesia. Quizá la confesión, e incluso también la restitución, desempeñen un papel importante en la caída de tus gigantes. Podría ser tú, Jesús y un diario, labrando todo esto en conjunto. Quizá haya un problema de índole física que esté complicando el problema, y te sea necesario tomar algún medicamento durante un tiempo. No hay nada de malo en usar todo el arsenal de herramientas que tienes a tu disposición.

Yo no te quiero ofrecer ninguna fórmula específica para el éxito, porque desconozco los detalles específicos de tu situación.

Y reconozco que las cosas se pueden resolver, y se resuelven, en las vidas de las personas individuales de formas diferentes, a medida que avanzamos con Cristo. Porque a Él es a quien todo esto regresa: a Jesús. Él siempre es quien hace la verdadera obra de santificación en nuestras vidas. Seguimos su dirección. Confiamos en Él, y nos inclinamos en dirección a Él.

4. Dile que sí al Espíritu Santo como estilo de vida.

Se ha dicho que nunca perdemos un mal hábito, sino que lo reemplazamos con uno mejor. Así rompemos el ciclo de los malos pensamientos y malas acciones en nuestra vida. No solo deseamos que se vayan nuestros gigantes, sino que le decimos que sí a nuestro Pastor cuando Él nos habla y nos va guiando paso a paso.

Jesús nos ha dado el don del Espíritu Santo para que nos guíe en el camino. El Espíritu es la tercera persona de la trinidad: Dios Padre, Hijo y Espíritu Santo. No se trata de una «cosa»: Él es Dios. Y Él es el don de Cristo para nosotros; la persona siempre presente que habita en nuestro interior con la vida y el poder de Cristo.

La Palabra de Dios nos exhorta al respecto: «Vivan por el Espíritu, y no seguirán los deseos de la naturaleza pecaminosa» (Gálatas 5.16). Esos mismos deseos antiguos siempre estarán presentes, como gigantes que nos exigen que nos acobardemos y caigamos. Sin embargo, la forma de responder un «no» a sus voces es decir un «sí» a la voz de Él. El Espíritu nos habla e impulsa nuestro corazón hacia la vida, la verdad y la libertad. Le podemos decir que no tantas veces que nos endurezcamos en cuanto a oír sus indicaciones, o bien podemos tomar la decisión de decirle que sí una y otra vez, y así hacernos cada vez más sensibles a sus indicaciones.

Marc y yo pasamos la noche en un punto elevado del Matterhorn después de una agotadora subida hasta el campamento de base en el día anterior. Salimos por la puerta del Hörnli Hut al día siguiente antes del amanecer, y de inmediato fuimos atados a nuestros respectivos guías con unos cuarenta metros de soga. De arnés a arnés estábamos conectados al adentrárnos en aquella mañana fría y oscura para el ascenso de 1.300 metros hasta la cima. En mi mente, yo repetía lo que mi guía de entrenamiento me había dicho. *Solo es una caminata. Vamos a ir muy lento, así que todo lo que ustedes necesitan hacer es poner un pie delante del otro.* Pero al cabo de unos cinco minutos, el mantra se evaporó al encontrarnos con una pared de roca de unos quince metros de altura, de la cual colgaba una soga atada en algún lugar. La pared se erguía vertical, como el costado de un edificio. Richard, mi guía (otro diferente al que nos había entrenado), desapareció en la oscuridad. Antes de que lo perdiera de vista, me dijo con tono sereno: «Voy a subir para asegurarme. Cuando sientas que tiro de la soga, escalen detrás de mí».

¿Cómo? ¿Cuando tú llegues a dónde? ¿Escalar apoyándome en qué?

Uno o dos minutos después, sentí un pequeño tirón en mi arnés. Así que me agarré de la soga y comencé a elevarme a mí mismo. Nuestro punto de partida aquella mañana en el Hörnli Hut estaba a 3.260 metros de altura, de manera que cada respiración era un verdadero trabajo. Yo tiraba de la soga con todas mis fuerzas.

Resultó que esta secuencia se fue repitiendo de diversas formas durante las cuatro horas siguientes. Llegábamos a un punto difícil de la escalada. Richard desaparecía. Yo sentía el tirón en el arnés, no siempre tan delicado, y entraba en acción. Pronto nos volvíamos a conectar y repetíamos lo anterior.

Puede que no veas la cima de la montaña desde donde estás, pero eso no es un problema. Incluso es posible que no te puedas imaginar lo que son diez pasos montaña arriba, y mucho menos mil doscientos metros en sentido vertical. Pero es tu Pastor quien te irá guiando. Él va delante de ti ahora mismo. Firme, y capaz de sostenerte si tú te resbalas, te dice: Adelante. Da un paso. Tal vez te asombres de haber dado ese paso, puesto que el enemigo te sigue repitiendo que no puedes hacerlo. Estás inseparablemente unido a Jesús, y su Espíritu te guía de manera constante.

Cuando el Espíritu tire de tu soga, dile que sí. Estarás maravillado de lo que vas a poder escalar. Lo que vas a poder vencer.

5. Asegúrate de no aceptar un no como respuesta.

La complacencia es una actitud del corazón. Para ser sinceros, a algunos de nosotros nos *agradan* nuestros gigantes. Han estado en nuestra vida tanto tiempo, que se han convertido en parte del panorama. En nuestra mente sabemos que es necesario que los gigantes desaparezcan, pero hay seguridad en tenerlos presentes. Son dañinos, pero conocidos, y usualmente nos agrada lo que nos es familiar. Sin embargo, la familiaridad puede ser la voz del acusador en nuestra vida. Nuestros gigantes nos dicen continuamente que no. *No, no voy a caer. No, eso no se puede hacer. No, no puedes ganar la victoria.*

No aceptes un «no» como respuesta.

La cruz es un lugar seguro, pero no siempre es un lugar cómodo. Estamos en una lucha. Y cuando deseamos que caigan nuestros gigantes, cuando queremos que sean conocidas la gloria y la fama de Jesús sobre todo, queremos que nuestra vida cuente para su gloria. Le atravesamos el corazón con una estaca al yo. Escogemos determinantemente morir a nuestros apetitos dañinos. Tomamos una decisión consciente de seguir a Jesús con todo el corazón.

Es necesario que esto se vuelva personal para cada uno de nosotros. Tienes que pensar así: *Me tengo que librar de mis gigantes. No me puedo conformar con la complacencia. Tengo que ver que este gigante es un problema. Esto, en última instancia, no sirve. Esta cosa es un problema. Esta cosa no me deja avanzar. Esta cosa está matando mis relaciones. Esta cosa me endurece el corazón. Esta cosa me va a destruir. Aquí hay una desesperación y una urgencia a la que me tengo que conectar. Me tengo que librar de esta cosa, porque no quiero que me mate. No quiero que acabe con mi vida. No quiero que destruya cuanta cosa buena hay en mi vida, mis relaciones, mi futuro, mi carrera, mi familia. Me tengo que librar de esta cosa... ¡y me tengo que librar de ella ya!*

Sí, la batalla está ganada, pero nosotros seguimos en una lucha. Sí, estamos descansando en la obra de Dios, pero es necesario que sigamos adelante y venzamos nuestra complacencia. Y tampoco es solamente por causa nuestra. Digo, vamos, estamos viviendo en un planeta donde hay miles de millones de personas que nunca han oído hablar de Jesús. Este mundo se está desbaratando. Cualquier día, todo esto puede explotar. Pero nosotros tenemos la respuesta: Jesucristo. Hay trabajo que realizar.

No hay tiempo para ser autcomplacientes. Nosotros conocemos la esperanza. Tenemos la verdad. Tenemos la vida. Tenemos el camino. Tenemos a Jesús.

Ignoro cuánto estará dependiendo de ti este día, pero sí sé que no todo tiene que ver contigo. Hay otras personas esperándote a que des hoy ese paso de fe. No sé quiénes son, o qué aspecto tienen, o qué ha puesto Dios en tu corazón. Pero sí sé que Jesús quiere que vivas en la misión que Él ha diseñado para ti. Cuando seguimos a Cristo, su camino hacia delante comienza cuando confiamos en Él. Pero Él también nos santifica. Nos conforma a su imagen y lima lo áspero de nuestra vida. Y nos invita a unirnos a Él en su misión.

Cuando estamos cerca de Jesús, esa proximidad con Él es una obra que no solo nos beneficia a nosotros, sino también a otros. Cuando estamos cerca de Jesús, les podemos llevar esperanza y vida y libertad y fortaleza a unos seres humanos atrapados en la desesperación y las tinieblas. Jesús tiene una misión para nosotros, y es la de siempre atraer a los demás un paso más cerca hacia Él. El evangelio no es el evangelio para que nosotros nos podamos sentar a contemplarnos el ombligo. El evangelio es el evangelio porque la vida es corta y tenemos un Dios grande. El evangelio es el evangelio porque Jesús nos lleva a proclamar a todos y cada uno de los habitantes de este planeta, la verdad de que Él salva.

Como ya dijimos, la vida es corta y Dios es grande, y nosotros necesitamos entrar en la mentalidad de saber y creer eso y decir eso y vivir eso. *La vida es corta. Dios es grande. Voy a dar un paso al frente. Voy a obedecer a Cristo. No voy a seguir siendo autocomplaciente de aquí en adelante. Hay demasiado trabajo por hacer.*

Voy a cumplir lo que dije que haría. La vida es corta. Dios es grande. Voy a confiar en que Él haga aquello que solo Él puede hacer.

6. Mantén la guardia en alto.

Goliat tenía hermanos. Fue cierto para David, y es cierto para nosotros. La tierra está llena de gigantes. No necesitamos tener miedo. Solo necesitamos mantenernos vigilantes.

Cuando comencemos a ver que el temor o la ira o la adicción abandonan nuestra vida, se puede formar un vacío. El resultado es doble: libramos nuestra vida de un gigante, y llenamos ese vacío con algo bueno. A fin de cuentas, lo que llena nuestra vida no es un «qué», sino un «quién»: la persona y obra de Jesús. Él es el ancla de nuestras almas, y esa ancla descansa en la cruz de Cristo.

Incluso cuando caminamos muy cerca de Cristo, el caos nos puede seguir tirando piedras. Circunstancias dolorosas pueden aparecer en un instante. Jesús no nos promete una vida libre de problemas. Sí, aún está el valle de sombra de muerte, y sí, siguen estando presentes los enemigos. Pero, gracias a Dios, Jesús nos guía a través del valle. Jesús prepara una mesa ante nosotros en presencia de nuestros enemigos. Cuando sucede el caos, nos sentimos tentados a huir de Dios. Nos preguntamos por qué nos siguen sucediendo cosas malas. Sin embargo, el llamado siempre es que miremos a la cruz. No llegamos a creer en el amor que Dios nos tiene a por las circunstancias que nos rodean. Nos sentimos seguros de su amor por la circunstancia de Cristo en la cruz. Recordamos que la cima y la profundidad y la anchura de todo caos posible fueron lanzadas contra Jesús. Él sabe todo lo que se puede saber acerca del sufrimiento. Él lo sabe todo acerca del dolor. Lo sabe todo acerca de la pérdida. Fue maltratado. Fue agredido. Fue rechazado. Sufrió la muerte. Por eso, mantenemos los ojos siempre en Jesús. Lo ponemos siempre ante nosotros deliberadamente.

El autor y evangelista inglés F. B. Meyer escribió lo que sigue:

> Yo no creo en la santificación, creo en el Santificador. Yo no creo en la santidad. Creo en el Santo. No un «algo», sino una Persona. No un atributo, sino Cristo en mi corazón. Permanece en Jesús. Permite que el [Espíritu] Santo en ti te mantenga permaneciendo en Jesús, para que cuando Satanás venga a tocar a tu puerta, Jesús salga a abrirla, y tan pronto como el diablo vea el rostro de Cristo mirándolo a través de la puerta, dará media vuelta y saldrá corriendo.[1]

Dentro de esto puede haber cosas concretas de la obra de Jesús que se conviertan en parte de ese intercambio.

Digamos que tu gigante familiar es la adicción a comer en exceso. Si sientes caos en tu vida, corres a buscar comida. Mientras Jesús obra en tu vida y cae el gigante de los excesos en la comida, aún te vas a sentir tentado a correr en busca de algo. Jesús te invita a correr hacia Él. Pídele que ponga en tu vida algo nuevo que sustituya a la comida. No quiero decir solo cambies una adicción por otra. Quiero decir que reemplaces lo negativo por algo positivo. Tal vez corras a un pasaje familiar de las Escrituras que te dé consuelo. O quizá te baste con salir a caminar por tu vecindario y pases ese tiempo caminando y hablando con Cristo en la intimidad, diciéndole cómo te sientes, poniendo en sus manos todas tus preocupaciones y permitiéndole a su Espíritu Santo que ministre a tu corazón y a tu mente.

¿Tendrás recaídas? Tal vez. Tu gigante está muerto, pero al igual que los cuerpos de aquellas serpientes, es posible que se retuerzan de vez en cuando. Las recaídas pueden formar parte del proceso de discipulado. Nunca necesitamos inventar excusas para esas recaídas, pero el patrón de nuestra constante necesidad de la gracia se ve en las Escrituras, aunque caminemos cerca de Jesús. Algunas veces, la obra sanadora de Jesús en nuestras vidas es instantánea y total. En otras ocasiones, es un proceso. La gracia abunda. Arrepiéntete, y Dios siempre te va a perdonar. Y después, vuelve al camino recto en tu relación con Dios.

Ven a la mesa

Permíteme cerrar este capítulo invitándote a sentarte con Jesús en una mesa para dos. Te quiero dar una indicación concreta. Es esta: sumérgete en el salmo 23, y hazlo durante cuarenta mañanas y cuarenta noches. Lo puedes hacer directamente, leyendo una Biblia, o leyendo o escuchando el pasaje en una computadora, tableta o teléfono celular.

Si quieres usar tu Biblia, busca el pasaje y comienza a leerlo, mañana y noche. Que sea lo primero y lo último que hagas cada día.

Si prefieres usar tu computadora, tableta o celular, hay una aplicación gratuita llamada YouVersion (youversion.com) que te permite bajar gratis una versión gratuita de la Biblia, tanto para que la leas, como para que la escuches. Es una aplicación fácil de usar. Puedes buscar el salmo 23, y un gentil caballero te lo leerá con su distinguida voz. Comoquiera que decidas accesar estas palabras, permite que te inunden una y otra vez.

> *El Señor es mi pastor, nada me falta;*
> *en verdes pastos me hace descansar.*
> *Junto a tranquilas aguas me conduce;*
> *me infunde nuevas fuerzas.*
> *Me guía por sendas de justicia*
> *por amor a su nombre.*
> *Aun si voy por valles tenebrosos,*
> *no temo peligro alguno*
> *porque tú estás a mi lado;*
> *tu vara de pastor me reconforta.*
> *Dispones ante mí un banquete*
> *en presencia de mis enemigos.*
> *Has ungido con perfume mi cabeza;*
> *has llenado mi copa a rebosar.*
> *La bondad y el amor me seguirán*
> *todos los días de mi vida;*
> *y en la casa del Señor*
> *habitaré para siempre.*

Dios está con nosotros, así que no nos falta nada. Él nos guía por buenos caminos. Nos sana y nos restaura. Nos muestra la senda que está lejos de las formas dañinas de vivir. Nuestra libertad y su fama se hallan estrechamente entrelazadas. Dios nos conforta. A final de cuentas, todo está bien, incluso si hemos atravesado un oscuro valle. Su bondad y su misericordia nos rodean todos los días de nuestra vida. Y al final, habitaremos en la casa del Señor para siempre.

A primera hora en la mañana, y en el último rato antes de acostarte, llena tu mente y tu corazón con estas palabras. Conviértelo en un hábito. No pulses el icono de mensajes, o el icono de correos electrónicos, o el icono de tu red social favorita, o tu lista de cosas por hacer, o el pronóstico del tiempo, o las noticias. Toca YouVersion o limítate a dejarlo abierto en el salmo 23. Si golpeas el pequeño icono que tiene una bocina, y estás solo, puedes dejarlo andando. Si estás casado, te sugiero que te pongas tus audífonos. O tal vez los dos lo quieran escuchar juntos. O pon una marca en tu Biblia en ese pasaje, de manera que todo lo que tengas que hacer sea abrirla y ponerte a leer.

Aquí tienes el ritmo. Lo primero en la mañana, y lo último antes de ir a la cama: buscar el rostro del Señor por medio de su Palabra. Dile: «Háblame, Señor, acerca de quién eres, a dónde me llevas y cuál es mi futuro. Hazme conocer tu bondad». Cuando te despiertes, dile: «Háblame de nuevo». Tal vez necesites tomarte un descanso al mediodía, así que levántate del cubículo donde trabajas, ve al baño y dile: «Háblame otra vez». Tal vez necesites aliento cuando estés en tu auto, así que dices: «Háblame otra vez». Listo para ir a la cama: «Háblame otra vez». Si tu gigante te despierta en medio de la noche: «Háblame otra vez».

Durante cuarenta mañanas y cuarenta noches, deja que el Pastor te hable diciendo: *Yo envié a un pastorcito adolescente a derribar a Goliat, y hoy soy tu Pastor. Estoy presente sobre tu cama esta noche. Estoy presente en medio de tu tormenta este día. Estoy aquí contigo, ahora mismo, en medio de este valle de sombra de muerte. Te verás rodeado de tinieblas, pero yo estoy preparando una mesa delante de ti, para que tengas lo que necesitas en medio de la tormenta. Estoy contigo, y mi vara y mi cayado te protegerán y te guiarán. Yo todo lo puedo, y aquí estoy, y soy bueno.*

Cuando te sumerjes de esa manera en la verdad, ahogará cuantas burlas oigas. Lleno de verdad, vas a pasar por alto el mensaje que tus gigantes te han condicionado a creer. Le vas a decir adiós al pasado, y tal vez a toda una herencia familiar en la cual todos escuchaban a los gigantes toda su vida. Y darás la bienvenida al hecho de que eres hijo o hija del Dios Todopoderoso.

Jesús es la Palabra de Dios. Él es la verdad que te hace libre. Y Él te está invitando hoy a su obra terminada. «Cristo nos libertó para que vivamos en libertad. Por lo tanto, manténganse firmes y no se sometan nuevamente al yugo de esclavitud» (Gálatas 5.1).

Jesús ya ganó tu pelea. Tu gigante ya no es tu amo. Eres libre para seguir a Jesús y experimentarlo como nunca antes lo habías experimentado.

Ahora, hablemos del combustible que le da fuerza a un cambio sostenible.

CAPÍTULO 9

Combustible para la batalla

—

Si has estado siguiéndoles la pista a las vueltas y revueltas de este libro, recordarás que comenzamos hablando de un gran giro inesperado. En la historia de David y Goliat, nosotros no somos David; Jesús es David. Desarrollamos ese giro con profundidad cerca del principio del libro.

Luego vimos un segundo giro, que nuestro gigante ya está muerto. La victoria ya ha sido ganada. Jesús ha logrado aquello que se lanzó a hacer. A lo largo de todo el libro hemos desarrollado este giro mientras veíamos de forma específica a diversos gigantes.

Al terminar este libro, queremos analizar un último giro, uno que hemos mencionado en varios lugares. Es el hecho de que la motivación de David en todo esto era la fama de Dios. David se sentía motivado por la honra y la gloria de Dios. Esa es nuestra invitación también.

Es muy factible que David pudiera haber llegado hasta el frente de la batalla, haber visto a Goliat lanzando sus insultos, y después se hubiera dado media vuelta para marcharse directamente a casa de nuevo. La vida de David no estaba bajo amenaza... al menos, no al principio. Él solo estaba entregando unos víveres. Pudiera haber dicho: «Oh, mira eso. ¿Cuánto mide ese tipo? ¿Tres metros? Yo nunca había visto nadie tan alto. Parece amenazante. Mejor me marcho de aquí. Me voy de vuelta con mi padre. Ya entregué los víveres. Los dejé en sus tiendas de campaña. Nos vemos». A David no lo habrían podido tachar de cobarde. No lo habrían visto como un joven infame. Solo habría hecho lo que habían hecho una gran cantidad de personas: ignorar el problema y marcharse de allí.

Sin embargo, eso no es lo que hizo David.

¿Por qué?

La motivación que tenía David era algo muchísimo mayor, que lo impulsaba a actuar... y a nosotros se nos invita a conectarnos con esa misma mentalidad. Lo que motivaba a David era que aquel gigante estaba maldiciendo al Dios del ejército de Israel. David dijo: «No, no. Un momento, Goliat. Todas las demás cosas que estás diciendo, tal vez sean ciertas. Pero cuando comienzas a hablar de mi Dios, eso no lo vamos a tolerar. Vas a dejar de ofender a mi Dios aquí y ahora mismo, y vas para abajo. De hecho, *debes* caer, porque la gloria de Dios es de lo que se tratan nuestras vidas».

Es muy importante que veamos esto. Dios quiere que nosotros seamos libres. Cuando hay algo que nos está asfixiando, Dios quiere que esa fortaleza se venga abajo. En eso consiste la liberación. Sin embargo, la liberación se trata de algo más que nuestra libertad. Solo Dios hace la obra de liberarnos, pero la meta al liberarnos es que se le dé abundante gloria a Dios. Esa es la verdad que quiero dejar resonando en tu corazón al llegar a la conclusión de este libro. Jesús quiere derribar a nuestros gigantes para que podamos caminar con libertad y tener la vida que Él quiere que vivamos. Y lo quiere hacer para que su nombre pueda ser exaltado por encima de todo otro nombre en nuestro mundo. Esa es la razón que sobrepasa a todas las demás razones. El que las personas que nos rodean miren nuestra vida y digan: «Tu Dios es el verdadero Dios».

Nuestra libertad y la gloria de Dios se hallan inextricablemente entretejidas. Jesús dio su vida en una cruz para hacernos libres. También dio su vida en una cruz para glorificar a Dios. Cuando Él extendió los brazos sobre la cruz, no solo estaba diciendo: «Quiero que Louie sea libre. Todo esto tiene que ver con Louie. Quiero que Louie tenga una vida maravillosa y abundante. Esa es la razón por la que estoy cargando con el pecado y la muerte y el infierno de toda la humanidad».

No. Esto es lo que Jesús estaba diciendo: «Mira esto, Louie; ahora mismo estás a punto de ser llevado en algo maravilloso, porque todas tus cadenas están a punto de romperse. Se van a romper para que la gente sepa que el Dios de Israel es el único Dios verdadero. No hay Dios como Él en este mundo. Él es el Dios de la misericordia, la bondad, la gracia, la compasión y el amor. Es el Dios que no nos echa en cara nuestros pecados. Dios es justo… y también es el *Justificador*. Dios ofrece a su Hijo como sustituto y también como sacrificio, para que entonces Él pueda ser llamado justo, pero también el que nos justifica a todos nosotros, los que hemos andado por un camino equivocado. Ningún otro dios va a hacer algo así. Ningún otro dios va a entrar a formar parte de la humanidad. Ningún otro dios se va a humillar a sí mismo, y venir a la tierra para nacer como cualquier otro bebé, por lo mucho que nos ama. Pero el Dios que es el único Dios en los cielos sí estuvo dispuesto a hacerlo. Así que allá voy, Padre. Le voy a dar la libertad a Louie, y les voy a dar la libertad a todos, pero al final, todo esto es para ti. Esto es para tu gloria. Esto es para mostrarle al mundo lo asombroso que eres. Tú eres el Señor, y no hay otro».

Es importante que comprendas esta doble motivación: Jesús extendió sus brazos en la cruz, tanto para liberarnos a nosotros, como para glorificar a Dios. Ambas obras se produjeron al mismo tiempo. Están entrelazadas, y aunque una es importante, la otra siempre tiene un peso mayor. Mientras nuestra motivación sea solamente conseguir la libertad para nosotros mismos, nos perderemos lo más importante, y en realidad, no tendremos todo el poder necesario para cambiar. Dios nos quiere abrir los ojos para que comprendamos esto. Estamos luchando por nuestra libertad, pero también estamos luchando por su gloria. Cuando hacemos esto, estamos de acuerdo con Dios. Le estamos diciendo: «Dios mío, yo quiero ser libre. Tú sabes lo desesperado que me siento en mi anhelo de serlo. Pero también quiero que tú seas glorificado, porque este gigante no solo me está desmoralizando, sino que este asunto está haciendo que tu gloria mengüe. Le está diciendo a la gente día tras día que mi Dios no es lo suficientemente grande. Que mi Dios no es lo suficientemente poderoso. Que mi Dios no tiene lo que se requiere para darme la libertad».

Una de las grandes preocupaciones de los cristianos de hoy es la tendencia a hacer que todo se trate de nosotros. Reducimos a Jesús a una técnica de autosuperación, diciendo: «Él me ayuda a sentirme mejor acerca de mi vida». Lo mismo sucede en nuestra relación con la iglesia. Oímos que la gente dice: «Yo le saco

La meta central de nuestra vida es *disfrutar* a este gran Dios y *glorificarlo* para siempre.

mucho beneficio personal», o bien: «Me gusta esa iglesia porque me ayuda». A fin de cuentas, la persona de Cristo, las promesas de la Palabra, la reunión de las personas, la obra de la cruz, la esperanza del cielo… todo gira alrededor de «mí».

Dios quiere que tú experimentes la plenitud de todo lo que Él ha logrado por ti, y de todo lo que Él es, pero no todo tiene que ver contigo. Dios no existe para nosotros; nosotros existimos para Él. Nosotros no somos sus hacedores; Él es nuestro Hacedor. La meta central de nuestra vida consiste en disfrutar a este gran Dios y glorificarlo para siempre.

Una de las formas en que mejor podemos glorificar a Dios es experimentando su victoria contra los gigantes que nos agreden. Al hacerlo, nuestra motivación no es solo nuestra mejora personal; ese es solo el beneficio. Nuestra motivación nos llega cuando nos damos cuenta de que cada gigante que nos derrota, también nos desinfla la capacidad de presumir de Jesús ante el mundo. Existe una motivación adicional en nuestro corazón cuando decimos: «Este Goliat tiene que caer, Señor, porque es necesario que tú seas exaltado hasta lo más alto».

Esta es una de las claves a la hora de batallar contra los gigantes. Le hablamos a nuestro gigante acerca de la fama de Dios. La conversación no es: «Oye, me estás molestando. Me estás incomodando. Me estás dejando sin vida. Me estás asfixiando». En vez de eso, es: «Oye, le estás robando a Dios, y no voy a tolerar eso. Cuando solo te estabas burlando de mí, eso era malo. Pero ahora me doy cuenta de que tus burlas son contra mi Dios, y eso es algo muy distinto. Gigante, si hablas mal de mi Dios, tienes que caer. ¡Por el nombre del Gran Rey, vas a caer hoy!».

Hecho para una gloria mayor

Con toda esta *plática de gloria,* puede ser útil dar un paso atrás para que puedas ver mejor que fuiste programado para algo mayor. Ninguno de nosotros llegó a este planeta sin la ayuda divina. No nos creamos a nosotros mismos; fuimos creados por un poder superior; salimos de una fuente divina: Jesús mismo. Fuimos diseñados para depender de nuestro Creador y para reflejar su grandeza y gloria. Recibimos vida y aliento y dones y oportunidades; y Dios recibe gloria y alabanza de nuestras vidas.

Para esto fuimos hechos. Esa es la razón por la cual la gloria se halla entretejida en todas las fibras de nuestro ser.

Tal vez todavía no te sientas altamente motivado por la gloria de Dios, por lo menos no lo suficiente como para entrar al valle de Elá y derribar a Goliat, pero hay algo de gloria alimentando todo en ti ahora mismo.

Yo crecí en el ambiente de fútbol americano de Auburn. En realidad, no tenía opción, puesto que mi padre se graduó de esa universidad en 1957, un año en que fueron los campeones de fútbol. Mis primeros recuerdos del fútbol universitario son de mi hermana, mi papá y yo escuchando los juegos de Auburn por el radio, y ver a mi papá corriendo hacia el gigantesco estéreo que él mismo había construido, y gritándoles a los altavoces, como si todo el mundo lo pudiera escuchar. Cuando Auburn hacía una jugada que les daba el gane, nos podías encontrar a los tres saltando de un mueble a otro, bailando encima del sofá y la mesa del café, y gritando a todo volumen.

El año en que mi papá murió en la primavera, yo quise hacer un viaje con mi mamá para ver juntos un juego en el otoño; era una salida especial para recordar a papá. Llegamos a la universidad bajo una lluvia torrencial, y no estábamos preparados. Sabíamos que el pronóstico del tiempo había dicho que habría algunas lloviznas aquí o allá, pero aquello era un aguacero. Como no teníamos otra opción, creo que compramos bolsas de basura en el supermercado local, les abrimos unos agujeros y las usamos como ponchos. Así comenzamos nuestra caminata de kilómetro y medio hasta el estadio. (Cuando digo aguacero, piensa en el diluvio de Noé. Estaba lloviendo tan fuerte que ni siquiera podíamos oír lo que hablábamos).

Cualquiera pensaría que nadie iría a ver el partido con aquella lluvia, pero estaría equivocado. Equivocado al estilo de Auburn. Una vez que llegamos arrastrando los pies hasta nuestros asientos en la parte superior de las gradas, aún faltaba casi una hora para que comenzara el partido, pero el estadio estaba casi lleno. Ayudó el hecho de que jugábamos contra un temido rival de la conferencia que, en ese momento, estaba clasificado como el mejor equipo.

Cerca de ochenta mil personas estábamos gritando en aquellos momentos empapados por la lluvia. Había entusiasmo en el ambiente. Las porristas de Auburn comenzaron a gritar una consigna. En el lado opuesto del estadio, sacaron carteles para que los leyera la multitud, lo cual fue seguido por un grito muy fuerte y resuelto dirigido hacia nosotros: ¡N A R A N J A!

Enseguida, la otra mitad del grupo de porristas sacó y nos mostró otros carteles que decían: ¡A Z U L!

Y así comenzó. Durante tal vez cinco minutos siguió aquello, y con cada oleada gritaban más que la vez anterior.

¡*N A R A N J A*!

¡*A Z U L*!

En un punto, en la respuesta de nuestro lado, miré a mi mamá, que entonces tenía ya sesenta y cinco años. Su cabello (oh, no, ella detestaría que yo dijera esto, aunque ya está en el cielo) se le había aplastado y pegado a la cabeza, como si hubiera estado metida en la ducha. Tenía las venas saltándole a los lados del cuello. Entonces, como si tratara de ahogar ella sola el grito de las cuarenta mil personas que teníamos enfrente, al otro lado del estadio, respiró profundo. Los ojos se le quisieron salir peligrosamente de sus órbitas cuando gritó con una fuerza que yo creí que la iba a tirar al suelo. Era un grito profundo, desde adentro, extremo, aterrador:

¡*A Z U U U U U U U U U U U U U U U U L*!

¡*Vaya*!

Allí estábamos, bajo la lluvia, volviéndonos locos, y gritando como si nos hubieran prendido fuego. ¿Por qué? Para amplificar la importancia de *dos colores*, los colores que representan a nuestra amada universidad de Auburn.

Eso es la gloria, mi amigo. Por supuesto, no es la gloria suprema. Pero definitivamente es gloria.

Aquel día me marché de allí preguntándome cómo sería vivir así para la fama de Dios.

En tu caso, es posible que los colores sean diferentes, pero si te pones a pensarlo, lo más probable es que grites en la lluvia por algo o por alguien. La gloria forma parte de lo que somos. Es para lo que fuimos hechos. El giro que cambia todo se produce cuando vemos que la gloria de Dios es una gloria que no tiene rival ni tiene fin, y comenzamos a darle forma a nuestros días en torno a aquellas decisiones que produzcan alabanzas dirigidas a Él en todo lo que hagamos.

El corazón de David, un corazón para Dios

En la narración del Antiguo Testamento, el arca del Señor era la posesión más valiosa que tenía el pueblo de Dios; era la manifestación física de su misma presencia y gloria en medio de ellos. Podrás encontrar toda su historia en tres pasajes: 1 Samuel 4.1—7.1, 2 Samuel 6 y 1 Crónicas 15—16.

Los israelitas estaban en guerra con los filisteos de nuevo, aunque era un tiempo distinto al del encuentro entre David y Goliat. En la batalla no les iba bien a los israelitas. Los dos ejércitos salieron y tuvieron un gran choque en combate, y parecía como si el pueblo de Dios iba a ser borrado del mapa. Así que los sacerdotes regresaron al lugar de adoración, sacaron de allí el arca del pacto y la llevaron al campo de batalla, como para decirles: «Oigan, estamos trayendo aquí la presencia de Dios, y los vamos a regresar al lugar de donde salieron a patadas. Ahora que tenemos el arca santa del pacto y de la presencia de Dios, no nos van a poder vencer».

Cuando apareció el arca, los israelitas lanzaron un inmenso rugido, y los filisteos deben haber dicho: «¡Oh, no! Esto podría ser un problema. Hemos oído hablar de esta arca. Estamos perdidos. ¿Quién nos va a librar de la mano de estos dioses poderosos? Esos son los mismos dioses que hirieron a los egipcios con toda clase de plagas y protegieron a los israelitas en el desierto. ¡Sean fuertes, filisteos! ¡Sean hombres y peleen!».

Pero Dios no era parte de aquel plan, porque los corazones de los israelitas que gritaron al llegar el arca eran malvados. Los filisteos pelearon fuerte, y Dios permitió que los israelitas cayeran en manos de los filisteos en aquel día. No solo quedó destruido gran parte del ejército israelita, sino que los filisteos se robaron el arca del pacto de Dios. Se la llevaron en una carreta a su ciudad de Asdod, en Filistea, y la colocaron en el templo de su dios Dagón, un alto ídolo de piedra. Lo hicieron para burlarse de los israelitas. Era una forma de decirles: «¡Ja, ja! Aquí estás, bella y pequeña arca del pacto, con tus querubines y toda tu hermosa gloria. Mira: nosotros tenemos a Dagón, y Dagón es asombroso».

Esto fue lo que sucedió. Los filisteos se fueron a festejar en sus casas aquella noche, pensando que habían demostrado cuál dios era el más fuerte. Pero cuando regresaron a la mañana siguiente, su dios se había caído boca abajo frente al arca del pacto de Dios. *¿Hola? ¿Y esto cómo pasó?* Ninguno de los filisteos supo dar una explicación. Así que se pasaron todo un día levantando de nuevo a Dagón. Una vez que terminaron, pensaron que ya todo estaba bien, y se fueron a festejar de nuevo. A la mañana siguiente, lo mismo. Regresaron, y Dagón estaba de nuevo tirado en el suelo, boca abajo delante del arca de Dios. Esta vez se le habían roto al dios la cabeza y las manos. Los filisteos estaban perplejos. ¿Quién cortaba piedra en aquella ciudad? ¿Quién se aparece por la noche y le corta la cabeza y las manos a nuestro dios? Y para hacer peor el insulto, la cabeza y las manos estaban tiradas en el umbral de la entrada del templo. Cuando llegaban, los filisteos tenían que cuidarse para no pisotear a su dios roto y echado a perder, para poder entrar en el templo.

¿Sabes por qué se derrumbó el dios de los filisteos? Porque Dios anda en serio con respecto a su gloria. Cuando no había nadie que defendiera su gloria, Dios mismo la defendió. ¿No te encanta eso? Es como si hubiera dicho: *¿Así que me van a poner a mí aquí con ese pedazo de piedra? Yo voy a convertir a Dagón en polvo. Voy a moler a su diosecillo hasta que quede convertido en gravilla. Lo pueden poner en el fondo de su acuario. ¡Vaya! ¿Lo están levantando de nuevo, después de que lo derrumbé? No hay problema, filisteos. Yo voy a llevar esto hasta donde ustedes quieran. Entiendan que yo soy el Señor. Yo soy Dios, y punto. No daré mi gloria a ningún dios, ni compartiré nada de mi alabanza con ídolos falsos. No estoy dispuesto a que un pedazo de piedra se mofe de mí. No me importa en lo absoluto lo alta que sea la estatua de su Dagón; esa estatua tiene que caer.*

Finalmente, los filisteos entendieron lo que estaba pasando, y le devolvieron el arca de Dios a Israel.

Tristemente, los israelitas habían olvidado otra vez la peligrosa belleza que tiene la gloria de Dios. Cuando recuperaron el arca, se habían olvidado de la manera correcta de cargarla, y se perdió una vida. David, irritado, dijo: «¿Cómo ha de venir a mí el arca de Jehová?» (2 Samuel 6.9, RVR60). Después de varios intentos fallidos y desastrosos de llevar el arca a Jerusalén, el rey David terminó haciendo que la llevaran a la ciudad cargándola con varas, tal como Dios les había instruido desde el principio. Aun así, aquel recorrido no fue nada sencillo.

Una vez que cargaron el arca de la manera debida, iniciaron de nuevo el viaje a Jerusalén, esta vez sin dificultades. David y sus hombres estaban tan agradecidos. ¡Estaban tan contentos de estar vivos en la presencia de una gloria como aquella, que cada seis pasos que daban, levantaban un altar y le ofrecían a Dios un sacrificio de alabanza! Así se sentían de abrumados y maravillados ante la presencia del Dios santo. Entonces daban otros seis pasos, levantaban otro altar y le ofrecían a Dios otro sacrificio de alabanza. Así es como se fueron moviendo, en una adoración constante, durante todo el camino hasta el lugar destinado para el arca en Jerusalén.

David tenía un corazón que anhelaba la justicia de Dios. Tenía esa motivación en su vida. Anhelaba la gloria de Dios por encima de la suya propia. Recuerda lo que le dijo a Goliat justo antes de que este se desplomara. Lee de nuevo 1 Samuel 17.45–47:

David le contestó: Tú vienes contra mí con espada, lanza y jabalina, pero yo vengo a ti en el nombre del Señor Todopoderoso, el Dios de los ejércitos de Israel, a quien has desafiado. Hoy mismo el Señor te entregará en mis manos; y yo te mataré y te cortaré la cabeza. Hoy mismo echaré los cadáveres del ejército filisteo a las aves del cielo y a las fieras del campo, y todo el mundo sabrá que hay un Dios en Israel. Todos los que están aquí reconocerán que el Señor salva sin necesidad de espada ni de lanza. La batalla es del Señor, y él los entregará a ustedes en nuestras manos.

Observa la secuencia. Lo primero que David le dijo a Goliat fue: «Oye: vas a caer. Un gigante definitivamente va a caer hoy, Goliat, y ese gigante vas a ser tú». Entonces David, en el poder de Dios, levantó la vista hasta la cima de la colina y dijo: «¡Y el resto de ustedes también van a caer con él! Todos los que se han estado burlando del pueblo de Dios, que han estado debilitando la obra de Dios, van a caer!». Entonces, habló de la razón máxima que había detrás de todo aquello. «Ustedes van a caer para que el mundo entero sepa que hay un Dios en Israel. Todos los que están aquí reunidos sabrán que el Señor no salva ni con espada ni con lanza, porque la batalla es del Señor, y Él los entregará a todos ustedes en nuestras manos».

El resto de la historia ya lo conocemos. David tomó su honda y con una sola piedra, silenció para siempre al gigante. La piedra se le incrustó en la frente a Goliat, le rompió el cráneo, lo mató y él cayó al suelo. Fin. La Palabra de Dios se escuchó en todo el valle de Elá. «Hay un Dios, y es el Dios de Israel. Él es el único Dios verdadero. Goliat ha caído. El enemigo se acabó. ¡La victoria es nuestra!».

Nuestro amigo David nos lo hace ver con claridad. Él era un pastorcito que se había enamorado del Dios de las maravillas que van más allá de nuestra galaxia. Era el adolescente que encaró al temible gigante filisteo. Y era el hombre según el corazón de Dios que, costara lo que costara, regresó la presencia de Dios (el arca) al pueblo de Dios en la ciudad de Dios. Pero David habría comprendido la escena en aquel intenso aguacero en el estadio Jordan-Hare. Fue el mismo David quien nos anima, en el salmo 145, a vivir una vida que realmente valga la pena:

Grande es el Señor, y digno de toda alabanza;
su grandeza es insondable.
Cada generación celebrará tus obras
y proclamará tus proezas.
Se hablará del esplendor de tu gloria y majestad,
y yo meditaré en tus obras maravillosas.
Se hablará del poder de tus portentos,
y yo anunciaré la grandeza de tus obras.
Se proclamará la memoria de tu inmensa bondad,
y se cantará con júbilo tu victoria. (vv. 3–7)

A continuación podemos ver el fuego que ha alimentado su lucha:

El Señor es clemente y compasivo,
lento para la ira y grande en amor.
El Señor es bueno con todos;
él se compadece de toda su creación.
Que te alaben, Señor, todas tus obras;
que te bendigan tus fieles.
Que hablen de la gloria de tu reino;
que proclamen tus proezas,
para que todo el mundo conozca tus proezas
y la gloria y esplendor de tu reino.
Tu reino es un reino eterno;
tu dominio permanece por todas las edades.
Fiel es el Señor a su palabra
y bondadoso en todas sus obras.

El Señor levanta a los caídos
  y sostiene a los agobiados.
Los ojos de todos se posan en ti,
  y a su tiempo les das su alimento.
Abres la mano y sacias con tus favores
  a todo ser viviente.
El Señor es justo en todos sus caminos
  y bondadoso en todas sus obras.
El Señor está cerca de quienes lo invocan,
  de quienes lo invocan en verdad.
Cumple los deseos de quienes le temen;
  atiende a su clamor y los salva.
El Señor cuida a todos los que lo aman,
  pero aniquilará a todos los impíos.
¡Prorrumpa mi boca en alabanzas al Señor!
¡Alabe todo el mundo su santo nombre,
  por siempre y para siempre! (vv. 8–21)

Levantemos desde el este un grito de alabanza a su santo nombre. Y desde el oeste contestemos: «El Señor es bueno». Desde el sur, diga la generación mayor: «Él es fiel y verdadero». Y desde el norte, les conteste la juventud: «Nuestro Dios es el Dios poderoso que salva».

Nuestros gigantes están muertos, y nuestro Dios está en su trono.

De las cenizas, gloria

Billy Graham contó que en una ocasión había en Escocia unos hombres que se habían pasado el día pescando por diversión, y por la noche se fueron a una posada a cenar. Uno de los pescadores, al describir el tamaño del pez que se le había escapado, abrió los brazos al mismo tiempo que pasaba una camarera con una jarra de té. El brazo del hombre golpeó la jarra, y aquel rico té oscuro salpicó la pared, dejando en ella una fea mancha café. El hombre, muy avergonzado, se levantó de un salto y se deshizo en disculpas, pero precisamente en ese momento, otro de los huéspedes de la posada se levantó y le dijo: «No importa».

Entonces este huésped sacó de su bolsillo un marcador y comenzó a dibujar alrededor de la mancha. Pronto surgió una imagen. Un majestuoso ciervo real con sus astas desplegadas. Todos los huéspedes de la posada se reunieron alrededor de él para admirar aquella obra de arte. Pronto se dieron cuenta de que el artista era nada menos que Sir Edwin Landseer, el más destacado pintor de animales en Gran Bretaña. Lo que comenzó como una mancha se había transformado en una hermosa obra de arte.

Billy Graham escribió: «Esta historia siempre me ha ilustrado de manera muy hermosa el hecho de que si le confesamos a Dios no solo nuestros pecados, sino también nuestros errores, Él los puede convertir en algo que sirva para nuestro bien y para su gloria».[1]

Ninguno de nosotros hemos alcanzado nuestros más grandes sueños para nuestras vidas. Nuestras decisiones nos han decepcionado a nosotros y a quienes nos rodean. Pero Dios tiene la habilidad singular para tomar los errores de nuestra vida y convertirlos en algo hermoso que lo glorifique a Él. Al mirar al otro lado de nuestro valle de Elá, vemos a nuestros enemigos burlándose de nosotros y tratando de robarle a Dios su gloria.

Pero un vencedor ha surgido en nuestra historia, y ahora mismo está sentado contigo al llegar al final del libro. Se llama Jesús, y Él es el que derriba a los gigantes y anuncia la libertad a todos nosotros. Él es quien ve la mancha y el sufrimiento que has sobrellevado. Él conoce las carencias a las que te has acostumbrado, y sigue comprometido a llevarte hasta lo mejor que Él te tiene preparado.

No quiero que cierres este libro pensando que Jesús te está pidiendo que «te esfuerces más». Él no te está pidiendo que lo hagas todo nuevo por tu propia cuenta. Solo te está pidiendo que lo veas a Él; que veas la obra que Él ha hecho por ti, y que creas de nuevo que Él puede levantar a cualquiera de nosotros de las cenizas de la derrota.

Jesús nos está invitando a fijar nuestra atención en Él y a descansar en su gracia. Síguelo en este momento con el próximo paso que des. Y sigue haciéndolo paso a paso. Si lo haces, el resultado final será su gloria.

Goliat debe caer. Tu goliat debe caer. Tu gigante debe caer porque Jesús ya venció.

Ahora es el tiempo de caminar en la libertad que Él ha ganado.

Reconocimientos

Nosotros le llamamos Casa a nuestra iglesia, porque la palabra iglesia se puede referir con frecuencia a un edificio o a una organización, mientras que *Casa* refleja lo que somos realmente: una familia. Cuando sucede algo en nuestra Casa (y tuya también), la Iglesia de Passion City, todo el mundo comparte de alguna manera el crédito. Con este libro sucede lo mismo.

En pocas palabras, nadie escribe solo. Hasta el escritor solitario, recluido en las montañas durante meses de aislamiento, ha escrito algo que nació, tomó forma y recibió inspiración de alguien o algo más allá de lo que él haya hecho.

Goliat debe caer fue inspirado por una serie de mensajes que cobraron vida en la Iglesia de Passion City. Las verdades de las que habla este libro resonaban poderosamente en nuestras vidas, ayudándonos a hacer cambios en nuestra manera de pensar y en nuestra forma de identificarnos en la amada historia de David y Goliat, que proporciona el telón de fondo de este libro.

Aunque los mensajes ya existían, el libro que tienes en las manos ha sido hecho posible por la capacidad y habilidad de mi amigo Marcus Brotherton, consumado y laureado autor con un corazón que ama a Cristo y a su iglesia. Marcus trabajó con las transcripciones de los mensajes originales e hizo notas de nuestras extensas conversaciones con el fin de organizar el marco inicial para el libro. Sus recomendaciones no solo fueron sabias, sino también útiles para que este proyecto llegara a ser lo mejor que podía ser.

Escribir un libro, como vivir la vida, es un proceso que exige unas asociaciones increíbles. He sido extraordinariamente bendecido con la mejor compañera que alguien podría imaginar: mi esposa Shelley, el amor de mi vida. Su fe, su genialidad, su discernimiento, su corazón de sierva y su devoción se reflejan en cada página. Ella siempre me anima, abre el camino para las horas que se necesitan para elaborar un trabajo como este, y me proporciona la mejor clase de comentarios: los comentarios sinceros. Yo soy mucho mejor gracias a ella. Y lo mismo se puede decir de este libro.

Kevin Marks, mi amigo y líder de nuestra empresa Passion Publishing, ha ido guiando este viaje con una sabiduría y una paciencia excepcionales. Pocos proyectos de libros se producen de acuerdo a lo programado, y este no es la excepción. Sin embargo, Kevin nos ha mantenido caminando en la dirección correcta y ha hecho posible que llegáramos a lo que creemos que es un punto de destino útil para todo el que lea *Goliat debe caer*. Alissa

Roberts, su compañera de equipo, se preocupa por cada recurso como si fuera suyo, ayudando al mundo a hallar y conectarse con las palabras y verdades que contiene.

El equipo de W Publishing Group, dirigido por Matt Baugher, ha sido un socio de trabajo excepcional.

Mi equipo en casa es excepcional en todo sentido. Sue Graddy, Anna Butel y Christina Schubert ayudan a mantener todo moviéndose en una dirección positiva, y han entregado su energía y pasión a la labor de ayudar a que *Goliat debe caer* se convirtiera en una realidad. Meghan Brim hizo un hermoso trabajo con el diseño de la cubierta y el diseño del interior, con la ayuda y las recomendaciones del incomparable Leighton Ching.

Si algunos de nuestros gigantes se va a venir abajo, todo se deberá a Jesús. Él es el mata–gigantes. El héroe de esta historia (nuestra historia) no es un jovencito con una honda, sino un Salvador envuelto en piel humana, muriendo para derrotar todo lo que ha tratado de arrebatarnos la vida. Tenemos la esperanza de que en estas páginas se le vea, se le sienta y se le adore.

Jesús, te amo.

Notas

Capítulo 2: Muerto, pero aún mortífero

1. Lauren Chandler, «5 Misconceptions About the Pastor's Wife», The Gospel Coalition, 14 octubre 2015, https://www. thegospelcoalition.org/article/5-misconceptions-about-the-pastors-wife; reimpreso con autorización de Crossway, «Pastors' Wives: 5 Misconceptions», 24 marzo 2015, https://www.crossway. org/blog/2015/03/pastors-wives-5-misconceptions-2/.
2. A. T. Pierson, *The Gospel: Its Heart, Heights, and Hopes*, vol. 1 (Grand Rapids, MI: Baker Book House, 1978), pp. 220, 234.

Capítulo 6: La ira debe caer

1. J. I. Packer, *Knowing God* (Downers Grove, IL: Inter-Varsity Press, 1973), p. 134 [*Hacia el conocimiento de Dios* (Miami, FL: Editorial Logoi, 1997)].

Capítulo 8: Una mesa en su presencia

1. F. B. Meyer, *The Christ Life for Your Life* (Chicago: Moody Press, s.f.), pp. 66, 72.

Capítulo 9: Combustible para la batalla

1. Billy Graham, *How to Be Born Again* (Waco, TX: Word, 1977), pp. 129–30 [*Nacer a una nueva vida* (Nashville: Grupo Nelson, 1991)].

Acerca del autor

Louie Giglio es el pastor de la Iglesia de Passion City y el fundador del movimiento llamado Passion, que existe para llamar a toda una generación a utilizar su vida para la fama de Jesús. Desde 1997, Passion ha reunido a jóvenes de edad universitaria en eventos celebrados en Estados Unidos y en otras partes del mundo. Más recientemente, Passion 2017 reunió a más de 55.000 estudiantes en el Georgia Dome de Atlanta en una de las reuniones de jóvenes universitarios más grandes de su historia.

Además de las reuniones de universitarios en las Conferencias de Passion, Louie y su esposa Shelley dirigen los equipos de la Iglesia de Passion City, sixstepsrecords, y el Instituto Global Passion.

Louie es el autor de los libros *Yo no soy, pero conozco al Yo Soy: Conoce al protagonista principal, Mi respirar: La adoración como forma de vida* y *Goliat debe caer*. Como comunicador, habla en reuniones en diversos lugares de Estados Unidos y del mundo entero. Es muy conocido por mensajes como «Indescribable» («Indescriptible») y «How Great Is Our God» («Cuán grande es nuestro Dios»).

Natural de Atlanta y graduado en la Universidad Estatal de Georgia, Louie ha hecho trabajo postgraduado en la Universidad Baylor y tiene una Maestría por el Seminario Teológico Bautista del Suroeste. Louie y Shelley tienen su hogar en Atlanta.